I0704512

Vence el miedo, ayuda a tu hijo
a vivir sus sueños

Vence el miedo, ayuda a tu hijo a vivir sus sueños

Enrique Martinez

Vence el miedo, ayuda a tu hijo a vivir sus sueños

CONSTRUYE SU FUTURO AUNQUE NO SEPAS CÓMO

"El genio se compone del dos por ciento de talento y noventa y ocho por ciento de perseverante aplicación".
-Beethoven

Agradecimientos

*"Confía en ti mismo. Crea el tipo de vida
que te gustaría vivir a lo largo de tu vida.
Aprovecha el máximo de ti mismo atizando
las diminutas chispas interiores de posibilidad para que sean llamas de realización"*
-Foster C. McClellan

Antes que nada, agradezco a Dios por permitirme disfrutar al máximo esta maravillosa aventura y cumplir Mi Propósito. Este libro sin duda marcará un antes y un después en mis días. Te amo señor. Sé que me proteges, confío en tus fieles promesas y sé también que me recompensarás con una vida larga y próspera.

Me felicito por haber tomado la decisión. ¡Si otro puede porque yo no! ¡Si él pudo porque yo no! Mi decisión fue mi única motivación, y para decidirme fue necesario visualizarme. Este libro significa para mí el inicio de un propósito: dar charlas en escuelas primarias y secundarias en un futuro inmediato, compartiendo mi historia y mis experiencias ¡Todos tenemos una historia que compartir!

A mis hijas María de Jesús, y Ana Sofía, que me motivaron para retomar algo que había abandonado por 33 años. Significó el inicio de todo esto que ha sido hermoso.

En memoria de mi padre, que sin duda estaría muy orgulloso al saber que a mis 45 años logré lo que alguna vez le conté: escribir parte de mi historia y que no me fue posible regalarle ¡Gracias por todo tu esfuerzo!

A mi madre que ha sido un ángel en mi camino, que me ha cuidado como el primer día de mi vida. Con quien he compartido estos últimos años de mi vida, una serie de sueños, anhelos, objetivos y metas ¡Gracias por escucharme y cuidarme!

A todos los emprendedores, empresarios, inversionistas, dueños de negocio, conferencistas, especialistas, escritores, sanadores, facilitadores, coaches, mentores y terapeutas que con sus conocimientos y herramientas me inspiraron a tomar acción, a iniciar mi proceso de transformación. ¡Gracias por tanto valor!

> *"El éxito es el resultado de las decisiones acertadas, las decisiones acertadas son el resultado de la experiencia y la experiencia suele ser resultado de las decisiones equivocadas"*
> *-Anthony Robbins*

Índice

Prólogo

"Lo que se graba en la mente de tus hijos, no es lo que dices, es lo que haces"
-Ariel Ortuño

¿Qué sentiste cuando cargaste a tu hijo o a tu hija la primera vez? A la edad de 24 años fui padre de mi primer bebe, una niña. Tuve la fortuna de entrar al quirófano para acompañar a mi esposa en el nacimiento de mi hija. Sentía miedo, angustia, felicidad y ansiedad. ¿Cómo puede ser que sienta tanto amor por un ser que nunca he visto ni tocado? ¿Cómo puedes amar a alguien que no conoces?

Solo un padre entiende estas preguntas, aunque no puede responderlas. Y no es importante hacerlo. Amamos a nuestros hijos. Soy padre de tres gloriosos seres: mi increíble hija Sony, mi imponente hijo Rommel y mi fantástico hijo Aklar. Desde el momento en que supe de la gestación de cada uno de ellos, tenía claro que daría mi vida por ellos. No hay duda de ello.

Con el tiempo descubrí la paradoja de la paternidad. Si les das de más a tus hijos, los perjudicas; si les das de menos, también. El punto de equilibro es la respuesta a la que aspiramos. Ese lugar donde tu hijo se siente amado y a la vez libre.

Mediante historias hermosas, Enrique nos da un recorrido por la vida de un niño. Un pequeño que va a descubriendo el mundo, pero cuyos padres, a pesar de ser buenos padres, no supieron cómo ayudarlo a abrazar su propósito.

Este es un libro que te recuerda lo que sentías cuando eras niño. De tal forma, que te lleva a comprender lo que tu hijo puede estar sintiendo. Emociones que tú has olvidado.

Deja que tus sentidos sean guiados por las palabras de Enrique, para que te reencuentres contigo; con tus sueños, con tus propósitos, y ayudes a tu hijo a seguir los suyos.

Ariel Ortuño
Autor BestSeller
Mentor de Autores
www.arielortuno.com

"Nuestro actual sistema educativo agota sistemáticamente la creatividad de los niños. La mayoría de los estudiantes nunca llegan a explotar todas sus capacidades e intereses"
-Sir Ken Robinson

Introducción

"Casi todos nosotros conocemos como vivir una vida exitosa y plena de propósitos. Sabemos que debemos ser comprensivos y prudentes, responsables, valientes y agradecidos… Sólo que algunas veces, necesitamos que nos lo recuerden"
-H. Jackson Browm, Jr.

Sin duda este es un libro que te ayudará a colaborar contigo mismo para aliarte con tu hijo en la búsqueda de su bienestar y más aún, que su bienestar te ayudará a lograr su felicidad. Tú, al igual que yo, siempre estaremos dispuestos a dar todo lo mejor de nosotros por nuestros hijos. Queremos para ellos todo lo próspero, todo lo bueno, todo lo alegre, todo lo maravilloso; estoy seguro que en el estricto sentido, todos los padres coincidimos en ello. Sin embargo, existe una etapa que nosotros como padres no aprovechamos y demasiado tarde nos damos cuenta que hemos dejado marchar junto con nuestros hijos esa magnífica oportunidad. Aprovecha esa oportunidad única, que es justamente cuando tenemos a nuestros hijos con nosotros en el seno de la familia, es decir en nuestros hogares.

Sin embargo, la vida se nos va muy rápido, "como agua entre las manos", en el día a día y las circunstancias, quizá el trabajo y nuestras actividades no nos favorecen, y como siempre, el tiempo, que por lo general creemos que lo tenemos a nuestro favor y la gran mayoría pensamos al momento: "...ya habrá tiempo de abordar esos temas con mis hijos, lo haré cuando crezcan, aún falta mucho tiempo, lo haré en el momento oportuno".

Pero ¿qué crees?, te tengo una noticia ¡ese momento oportuno no va a llegar! Es más, ese mejor momento fue ayer y hoy es tu segunda oportunidad ¡No pierdas más tiempo, ya te diste cuenta que el tiempo se va rapidísimo! ¡Toma acción ya!

Así que si tienes hijos, por muy pequeños que sean, habla con ellos. Aun cuando estén empezando a hablar, no importa. O quizá estén empezando a caminar, o quizá ya estén en el preescolar, la primaria o incluso en la secundaria; si es así, no importa la edad. Considero que tienes la mejor oportunidad frente a ti, para que tú como papá comiences a involucrarte más y tengas posibilidades de conocer de manera muy clara las respuestas a las siguientes preguntas. Por ejemplo pregúntate: ¿Sé con exactitud que le gustaría ser a mi hijo cuando sea adulto? ¿Cómo me lo he imaginado? ¿Sé cómo sería su vida cuando sea grande? ¿Qué te has imaginado que va a estudiar? ¿Cómo reaccionaría yo si mi hijo me dijera que no quiere estudiar?, ¿Cómo espero que viva el resto de su vida cuando deje la escuela, se case y forme su propia familia? ¿Te has fijado y has puesto atención? ¿Qué es lo que le gusta hacer a esta edad? ¿Cuál es la principal actividad que realiza con mucho agrado? ¿Sabes qué ama hacer a esta edad? ¿Cómo reacciona ante ciertos inconvenientes que se le presentan? ¿Consideras que tu hijo tiene habilidades para algunas cosas que desconocías?

Hay muchas preguntas que podemos seguir haciéndonos. Si tienes la mayoría o todas las respuestas, sobre todo considera algo importante: ¿estás seguro que conoces perfectamente los sueños, los gustos?, ¿te ha compartido qué es lo desea convertirse tu hijo cuando sea adulto? Si tu respuesta es un SÍ CONTUNDENTE ¡De verdad te felicito! Pero si no es así, no te sientas mal. Tal vez sea porque tú, como muchos papás, se esfuerzan día a día por llevar más que suficiente a casa, y eso quizá te ha impedido que dispongas del tiempo necesario para platicar con él y observarlo detenidamente. Por lo tanto, ¡te invito a que lo hagas de inmediato, hazlo ya, hoy mismo, no dejes pasar más tiempo! Siéntate con él y platica. Invítalo y sal a dar un paseo, busca cualquier pretexto pero involúcrate a como dé lugar en sus gustos, en sus anhelos. Conoce sus aspiraciones, investiga quienes son sus amigos y que quieren ser de grandes, porque muchas veces al no encontrar una identidad, o a la falta de atención de nosotros como padres, toman sus decisiones y éstas son influenciadas por los mismos amigos, para bien o para mal y esto podría llegar a ser grave.

Este libro va dirigido a papás como tú y como yo, que amamos ver a nuestros hijos plenos, triunfadores y dichosos, haciendo lo que más aman. No hay satisfacción y dicha más grande en este mundo que ver a nuestros hijos realizados, felices, en constante crecimiento personal, y sobre todo, disfrutando de la vida. Quizá te sorprenderá leer que este libro va dirigido a papás que aman a sus hijos, ¿que no se supone que por naturaleza propia todos los papás deberíamos amar a nuestros hijos? Pareciera ser tan obvio y ocioso señalarlo, sin embargo, de manera inconsciente, muchas veces limitamos las capacidades de nuestros hijos, y de manera recurrente los acostumbramos a que nosotros, sus padres, tomemos las decisiones más importantes para ellos, o en casos extremos, tomamos decisiones por ellos para casi todo. Esto, a medida que el tiempo va pasando, va haciéndose una costumbre, que difícilmente con el paso de los años se puede cambiar. Generalmente en muchos de los casos, acarrea otros inconvenientes a lo largo de su vida.

Por eso resulta sumamente importante que seamos muy honestos con nosotros mismos como papás y reconozcamos que amar a nuestros hijos no es darle lo necesario para su subsistencia. No basta que en el refrigerador haya más que suficiente, que la casa donde habitamos este linda y limpia, ordenada, o que paguemos sus excursiones escolares, o que autoricemos sus permisos para que acuda a tardeadas del colegio o de amigos. Las responsabilidades no solo es proveerles de alimentos, vestido, educación y un hogar. También implican los valores, los hábitos, y hacer de ellos personas dignas, honradas, humildes, respetuosas, y ayudarles a conseguir sus metas, obje tivos, y que materialicen aquellos deseos de convertirse en adultos plenos, felices.

No es suficiente con acudir a cada junta organizada en el colegio a firmar boletas con calificaciones. Incluso de nada sirve pedirle que se esfuerce al máximo por subir sus calificaciones si lleva resultados regulares, o peor aún, exigirle que lleve el primer lugar en aprovechamiento y que debe estar en el cuadro de honor de la escuela. ¡Sí, eso leíste! ¡No sirve de nada ser un alumno excelente si no tiene claro hacia dónde ir! Afirmarte esto podría parecerte muy fuerte, o muy arriesgado de mi parte. Desafortunadamente, aunque no nos guste, así es. Cuando cursamos la educación primaria, secundaria o incluso la preparatoria o bachiller, nos pasó a ti y a mí, que como hijos o como alumnos, no tuvimos la claridad suficiente para decidir hacia dónde ir, para dar el siguiente paso. Por ponerte un ejemplo, que tu hijo haya decidido que su propósito de vida sea estudiar y dedicarse a la investigación o a la docencia.

Generalmente a esa edad no encontramos las respuestas a las siguientes preguntas: ¿Qué voy a hacer cuando sea grande? ¿En qué quiero convertirme? ¿Cómo voy a lograrlo? Estas preguntas siempre nos acompañaron y seguramente recordaras, si a ti te paso lo mismo que a mí, estarás de acuerdo que pasó mucho tiempo para encontrar esas respuestas. Muchas veces nosotros como padres influimos en sus elecciones, sugiriendo de manera indirecta algo que nosotros queremos, sin importar que nuestros hijos estén o no de acuerdo con lo que hemos elegido para ellos. Así, nuestros chicos al no tener las respuestas, terminan haciendo lo que nosotros queremos y no lo que ellos hubiesen deseado. Solo para algunos, en un número muy reducido de chicos, tienen claridad en sus decisiones y les será mucho más fácil adaptarse a las nuevas circunstancias, tratándose del ejemplo que te mencioné anteriormente, de que el chico haya decidido entregarse al estudio.

Regresando al tema de las calificaciones. Está comprobado, así lo dicen los expertos, que las buenas notas de los alumnos más sobresalientes con los mejores promedios y reconocimientos, solo reflejan ciertas cualidades del alumno, como son: disciplina, dedicación y empeño. En mi experiencia, te puedo decir que siempre fui un alumno excelente, con las mejores calificaciones, y el alumno más sobresaliente de mi generación. Sin embargo, esto no influyó de manera rigurosa cuando quise ejercer mi carrera, ya que hoy en día, pocas o casi ninguna empresa te pide promedio, salvo que te quieras mover en un campo académico.

Por lo tanto, no siempre los estudiantes sobresalientes resultan ser los más afortunados en la vida adulta, o en sus empleos, o en las actividades que realicen. Aprobar las materias y tener una calificación es importante, mas no debería ser el objetivo. Expertos en el tema aseguran que tener buenas calificaciones no significa que la persona posea las habilidades, competencias y capacidades necesarias. Por lo general, las empresas o instituciones buscan cierto perfil en sus candidatos, enfocándose en otro tipo de características que nada tienen que ver con el desempeño escolar, hablando del mercado laboral, por ejemplo.

Entonces, ¿cuál es el objetivo? El objetivo en primer lugar de nosotros como papás, debe ser ayudar a nuestros hijos a encontrar, desde muy temprano, sus talentos, y desarrollar esas habilidades para tener más posibilidades de elegir que actividades van a realizar en el futuro, que al llevarlas a cabo les sea mucho más placentero y amen verdaderamente hacer lo que hacen. Por favor contesta esta pregunta con toda sinceridad ¿Crees que sería extraordinario lograr esto para tu hijo?

Deseo sinceramente que no sea tu caso, pero a mucha gente le pasa que se ha acabado el fin de semana y el lunes por la mañana, al despertarse y ver el reloj, lo primero que le viene a la mente es una emoción desagradable por irse a trabajar. Odia regresar a casa hasta muy tarde, o se la pasa haciendo números de cuántas horas faltan para irse a casa, o a cuántos días está del siguiente fin de semana.

Si tú amas la actividad laboral a la que te dedicas, te felicito, no estás en esta situación tan terrible. Me alegraría de verdad saber que eres de los afortunados, y déjame decirte que son muy pocos los que, además, disfrutan todo lo que hacen ahí en la oficina, en el corporativo, la empresa o el negocio: amas a tu jefe, amas los horarios, amas el ambiente laboral, eres feliz y estás a gusto con las instalaciones, amas a tus compañeros de trabajo, estás satisfecho con tu sueldo y no cambiarias por absolutamente nada, todo lo que haces. Te sientes muy cómodo en el ambiente que tienes en tu trabajo en este momento. Si de verdad has respondido, sin dudar, con una afirmación a cada una de estas pequeñas e insignificantes cosas que se viven en un empleo, trabajo o negocio, y lo que realmente te importa es verdaderamente seguir haciendo lo que haces, porque eres inmensamente feliz y lo disfrutas. ¡Te felicito enormemente!

Seguramente te preguntaras, ¿quién soy yo para hablarte de lo que te hace feliz al realizar lo que amas? Más aún, ¿quién soy yo para sugerirte como orientar a tu hijo o hija para que encuentre su verdadera vocación de servicio y viva feliz? Pues déjame decirte que, soy al igual que tú, padre de dos adolescentes de 14 y 17 años, que también como tú, sin duda, amas a tus hijos, yo también amo a mis hijas con todo mi corazón, y te puedo asegurar que mi deseo más grande es verlas convertidas en lo que han soñado, y que me han platicado una y otra vez que anhelan ser y en lo que desean convertirse cuando sean adultas.

Yo, como muchos padres, quiero colaborar con ellas e inspirarlas a que hagan realidad sus sueños. Quiero sembrar en su ser, la confianza absoluta de que si pueden lograr lo que han deseado ser de grandes. He aprendido que por más que yo vea bajo una óptica diferente sus sueños y sus deseos, que no es el caso, pero lo pongo como ejemplo para darme a entender, ellas, mis hijas, siguiendo el ejemplo, vislumbran sus anhelos como algo grandioso y maravilloso. Algo único, que sin duda las hará plenas y muy felices.

Hace tiempo, te cuento, intente influir en mi hija mayor con un comentario hecho inconscientemente, así como lo hacemos muchos padres, y quise que mi hija encontrara en mi profesión algo similar para ella, y que la desarrollara en un taller para identificar las vocaciones de los chicos. Al escuchar su respuesta, me di cuenta que lo que ella quiere desarrollar es algo completamente diferente a lo que yo esperaba. Al principio, te confieso que me resultó un poco complicado aceptarlo, no me fue tan fácil de aceptar, ya que la información que había recibido en el pasado, me indicaba que yo debería de ser el indicado para "sugerirle" a mi hija la decisión que debería tomar.

Respetar las decisiones de nuestros hijos, además de aceptarlas y apoyarlas total y absolutamente, cuando están basadas en el desarrollo de sus talentos y habilidades, debe ser sin duda alguna, parte de la expresión de amor más grande que sentimos por nuestros hijos.

Quiero compartirte parte de mi historia, de mis experiencias como niño, y contarte muchos de los retos que enfrente desde mi niñez, y como fueron formando el carácter y el temple que en la vida adulta se requiere, para llegar hasta este punto en el que me encuentro. Te aseguro que para mí, al igual que para ti, nuestra vida desde la infancia, y luego en las etapas siguientes, no ha resultado fácil llegar hasta el lugar en donde nos encontramos el día de hoy.

En el transitar de mi camino, me vi envuelto en varias circunstancias y emociones que me obligaron a hacer un alto una y otra vez, a lo largo de mi niñez y hasta mi vida adulta. Hoy comprendo cómo nuestra infancia influye de manera determinante en el nuestro comportamiento como adultos. En los primeros 6 años de vida, según expertos, tiene lugar el mayor aprendizaje emocional. En ese aprendizaje, juega un papel importante el ambiente en el cual nos movemos como niños. Según algunos estudios, el factor genético influye en un 25 % en las características de la personalidad, en las potencialidades y capacidades, en las limitaciones y posibles patologías. Pero otros factores son determinantes, pues le aportan el 75%, y estos son la familia, la educación, el medio social, los medios de comunicación, las organizaciones en que milita o actúa y el trabajo que realiza.

Hoy tenemos una extraordinaria oportunidad de descubrir los talentos de nuestros hijos. Quizá no estemos preparados, sin embargo, para amar a nuestros hijos, no es necesario estar preparado, ¿cierto? Así pues, nuestra misión como papás es acompañarlos, apoyarlos incondicionalmente en lo que ellos quieran lograr, y en lo que se esfuerzan constantemente. Ayudarlos a que suceda, y no dejar de brindarles nuestro amor, sea cual sea el resultado. Y algo todavía mucho más importante, enseñarles a disfrutar el trayecto más que la meta misma.

Te invito a que conozcas parte de mi historia y cómo identifiqué cuál sería mi propósito de vida. Todos los niños tienen talentos únicos y especiales, que están guardados dentro de ellos, esperando la oportunidad de salir y manifestarse. A lo largo de la lectura de este libro, te iré revelando ideas importantes, que te servirán para descubrir cuáles son las pasiones de tus hijos. Te aseguro que la lectura de este libro te resultará una aventura maravillosa, que te dejará una grata experiencia. Pero sobre todo, te ayudará a conectar con tus hijos y lograr desarrollar su máximo potencial. ¡Acompáñame! ¡Apuesto a que no te vas arrepentir!

> *"La transformación se decide de un día para otro, pero*
> *para lograrla se requiere*
> *trabajar con constancia y disciplina*
> *en tus hábitos y costumbres"*
> *-Spencer Hoffmann*

PRIMERA PARTE

DESPERTANDO MI CREATIVIDAD

CAPÍTULO 1

Señales claras
de un para qué.

"Todos estamos aquí por una razón especial. Deja de ser un prisionero de tu pasado. Conviértete en arquitecto de tu futuro"
-Robin Sharma

Alguna vez te has preguntado: ¿para qué estoy aquí en este mundo?, ¿tendré una misión de vida?, ¿cuáles son mis talentos y mis dones con los que nací? Seguramente habrá quienes nunca se lo han preguntado y prefieren no hacerse ninguna de estas preguntas, quizá esté bien. Sin embargo, puedo asegurarte que tú eres de los que se han hecho, en más de una vez, esa pregunta. Por lo tanto, te resultará interesante la lectura del presente libro, ya que se dice que existe un plan que ha sido detallado previamente a nuestra llegada a este mundo. Te preguntarás quizá, si hay razón en esta afirmación, pero ¿tiene esto sentido?

Existen algunas teorías que sostienen que, al venir a este mundo, traemos talentos naturales, generalmente heredados por nuestros padres. Pero el talento no es lo mismo que un don. Un talento puede definirse como una capacidad especial o sobresaliente, innata para llevar a cabo una actividad específica. Se puede decir que un don es lo mismo que un talento, sin embargo, la palabra don tiene un toque de sobrenaturalidad, de extraordinario, además de conexión con la espiritualidad.

Por lo tanto, comprendiendo esto, todo dependerá de si despertamos espiritualmente en esta vida, y si decidimos seguir el camino que nuestra alma planteó o no. Analiza tus circunstancias, los hechos que sucedieron a tu alrededor, y como fueron dándose esta serie de situaciones, quizá tan simples, pero que llevan cierto contenido que, si le pones cuidado y diriges tu atención, te aseguro que sí podrás encontrar y llegar a las razones del para qué de tu existencia.

Quiero compartirte algo que me sucedió en mis primeros años de vida. Sucede que, cuando era prácticamente un bebé, estuve a punto de morir asfixiado en dos ocasiones. La primera vez que ocurrió este hecho, tendría alrededor de un año de edad. La situación económica de mis padres hacía que mi mamá ayudara en las labores del campo a mi papá, por lo que no había alguien que pudiese hacerse cargo de mí, o que se pudiera quedar conmigo en casa para evitar cualquier riesgo o accidente que pusiera en peligro mi vida.

Era el segundo hijo, y mi hermana mayor tenía como tres años de edad. Al igual que yo, teníamos que estar cerca de papá y mamá hasta que terminaran de trabajar. Para mi hermana seguramente era una extraordinaria oportunidad de vigilarme mientras jugaba y se divertía conmigo. La verdad, cuando crecimos, siempre fuimos, además de hermanos, muy buenos amigos; así que como generalmente ocurría, por ser la mayor, la ponían a cuidarme. En aquella ocasión tocó ir al campo, lo cual era genial. Ahí estábamos, me imagino debajo de un árbol, sentados sobre un hermoso pasto verde con algunas flores alrededor, mariposas y pájaros nos acompañaban con sus hermosos colores y cantos. Seguramente mis papás nos ubicaron en un lugar lo más visible para ellos y así estar "atentos a cualquier situación" ya que, aunque mi hermana era muy obediente y dispuesta, era aún muy pequeña para cuidarme. De hecho, ella necesitaba también de alguien que la cuidara. Sin embargo, ya en otras ocasiones lo había hecho, sin mayor problema.

Una vez instalados, y seguramente habiéndole leído todas las listas de indicaciones y recomendaciones posibles a mi hermana, mi mamá y mi papá se dispusieron a dejarnos tan solo a unos metros, para iniciar sus labores en el campo. Años después supe que ese día serían alrededor de las siete de la mañana, según me lo comentaron mis papás años después. El trabajo que realizaba mi papá y mi mamá los obligaba a ir avanzando, en la medida que lo hacían, se iban alejando cada vez más de nosotros.

Mientras, seguramente mi hermana se esmeraba en complacer mi atención, yo aún no comenzaba a caminar, solo avanzaba de un lugar a otro, como se le conoce comúnmente "gateando", es decir, apoyaba manos y rodillas sobre el suelo y me desplazaba. Puedo asegurarte que una de las indicaciones que le habrían dado a mi pequeña hermana fue que, no me dejara que me desplazara, precisamente haciendo eso que acabo de describir. Por experiencia lo digo, ya que he sido padre de familia y ahora me doy cuenta de que los bebés en esa etapa no pueden estar tranquilos, sentados en un solo lugar, y menos por mucho tiempo. Por eso, yo creo que al principio, en aquella mañana, fue muy fácil para mi inocente hermana mantener mi atención los primeros minutos y entretenerme, así "sentadito", "quietecito", sin llorar y casi sin moverme, pero probablemente como fueron pasando los minutos, aquello que hacía mi hermana ya no me resultó tan atractivo. Estoy seguro que empecé a llorar o al menos a estar cada vez más y más inquieto, lo puedo afirmar. Debí comenzar a presionarla con mayores movimientos y exigiéndole que cada vez fueran más y más atractivos para mantener mi atención.

Te escribo estas líneas y estoy imaginándome como yo intentaba constantemente "echarme a andar gateando" y no podía evitar estar moviéndome de mi lugar. Considero que esto sería un gran reto para mi hermana en aquella mañana. La consigna era ¡evitar por todos los medios posibles que me pusiera a llorar y me fuera "gateando" hacia un lugar distinto a donde nos habían dejado nuestros papás! ¡Uff! ¡Vaya que encomienda más difícil! ¿No lo crees? Mi hermana la tenía realmente difícil, considerando su corta edad.

Estoy casi seguro que no habrían pasado muchos minutos y mi hermana ya estaba tan presionada por mí que tuvo que encontrar pronto una nueva forma de atraer mi atención, y es que resulta que muy cerca de nosotros pasaba un canal de agua que estaba dando servicio a otros campesinos que regaban su siembra cerca de donde estaban trabajando mis papás. Sin temor a equivocarme, te puedo decir que la presión que yo ejercía sobre mi hermana iba aumentando cada vez más y más, por lo que imagino que desesperada, mi hermana decidió acercarse al canal de agua, tan solo unos metros aguas arriba, es decir el escurrimiento de agua era por gravedad; y de repente mi hermana comenzó a arrojar flores, hojas y cuanta cosa encontraba al agua de aquel canal para llamar mi atención y mantenerme atento a lo que ella hacía.

Resulta pues, que en un abrir y cerrar de ojos me incorporé y me dirigí rápidamente hacia el canal, quizá para saber que sucedía con la flores que arrojaba mi hermana. Ella no tuvo tiempo de alcanzarme e impedirme el paso hacia el canal de agua. Cuando ella llegó, yo ya estaba adentro. ¡Caí boca abajo e inmediatamente comenzó arrastrarme muy lentamente el agua del canal! Mi hermana, viendo el peligro tan inminente en el que me encontraba, intento sacarme del agua, pero su pequeño cuerpo y sus fuerzas no le bastaban para lograrlo. Mientras ella veía que el agua de aquel canal seguía llevándome, fueron segundos los que habrían trascurrido y lo siguiente que se le ocurrió a mi hermana fue gritar tan fuerte como pudo para avisar a mis papás y alertarlos de lo me había ocurrido. Para este momento, ellos se habían alejado del lugar en donde originalmente nos habían dejado debido a los trabajos que iban realizando.

Años después, mi papá me contó que aquella corriente de agua fría me había arrastrado unos 3 o 4 metros, quizá más, pero nunca se explicó cómo él llegó tan rápido a rescatarme de morir con toda seguridad de haber trascurrido solo algunos segundos más. Lo más sorprendente para mi papá, para mi mamá y para mi hermana, es que no sufrí ningún ahogamiento y no tuve mayor problema, solo la empapada completa con agua fría a muy temprana hora de aquella mañana. ¡Uff!

Otra anécdota que quiero compartirte, también sucede en el campo. Esta vez ya tenía como 2 años de edad aproximadamente. Resulta que muy cerca del terreno donde habían terminado de trabajar mis papás, había unos árboles que años después cuando crecí los conocí personalmente. Eran unos árboles frutales, verdaderamente muy hermosos y frondosos. Había de chabacanos, capulín, y de durazno, y este último en particular, cuenta mi papá, ya en anteriores ocasiones los había comido y eran realmente ricos. Eran muy sabrosos, decía mi papá que tan solo al verlos antojaban. Eran muy grandes y dulces, de esas frutas que hoy en día es difícil encontrar así de manera tan natural en un árbol y menos aún en el campo.

Pues resulta que para ir ampliando mi menú de cosas que ya podía ir comiendo, mis papás decidieron darme un durazno para que "conociera" el sabor de la fruta. Sin embargo, por un error me dieron la fruta partida a la mitad. Era la que precisamente tenía el hueso del durazno, y de manera totalmente inexplicable, ya que todo sucedió muy rápido, sorprendidos mis papás sin saber en qué momento me tragué el corazón del durazno de un bocado, es decir en unos segundos. ¡Tenía en mi garganta, atorado el hueso de la fruta y no pasaba a mi estómago! ¡Tampoco podía expulsarlo! Ninguno de ellos logró sacarlo, ni siquiera metiendo en mi boca los dedos de mi papá y luego los de mi mamá. ¡Fueron segundos de mucha angustia, tensión y de mucho miedo!

Te escribo esto y te juro que la piel se me eriza, tan solo de imaginar cómo estarían mis papás de desesperados, al ver que no podían extraer el hueso del durazno y ¡yo cada vez más cerca de la muerte sin poder respirar! ¡Decía mi mamá que me estaba poniendo morado del esfuerzo que hacía por tratar de respirar y no lograrlo! ¡Una y otra vez intentaron sacarme el hueso del durazno de la boca, pero todo era en vano! Incluso, decía mi papá, que me golpeaban en la espalda ¡ya no sabían que hacer, me estaba ahogando! Mi papá en un acto de desesperación para que yo arrojara el hueso, y al ver que nada resultaba, escuchó como si alguien le hubiera dicho al oído: ¡Sacúdelo, es la única forma de que el niño no muera asfixiado! Rápidamente me sujetó y ¡girándome en sentido vertical con mi cabeza hacia el suelo, tomándome de los pies me sacudió varias veces!, como un último recurso para que yo pudiera expulsar el hueso del durazno. Para ese momento, mi cuerpo, años después me platico mi papá, estaba "colgado" me dijo, y usaba esa expresión para referirse a que cuando una persona ha perdido casi por completo las fuerzas y está a punto de caer inconsciente, desmayar o morir y eso era precisamente lo que me estaba sucediendo: ¡Me estaba muriendo! Sin embargo, de manera milagrosa ¡en la "última sacudida" que mi papá me dio, pude arrojar aquel hueso que me impedía poder respirar! Estuve a unos escasos segundos y a muy poquito de perder la vida. ¡Uff, otra vez!

Quizá te preguntes ¿y eso que tiene que ver con un propósito? La respuesta tiene mucho significado, ya que efectivamente a muchas personas todos los días les suceden casos extraños, en donde han estado a punto de perder la vida en accidentes o enfermedades, y la vida decide darles otra oportunidad, dado que tienen, como te lo mencioné antes, un gran a anhelo, un deseo, o quizá una misión, un propósito que realizar en su paso por este mundo, y considero que debemos verlo desde este punto de vista. Analizarlo desde esta perspectiva resulta ser realmente hermoso, renacer para re-direccionar el rumbo y re-encontrarte con una segunda oportunidad de continuar viviendo, ya con solo este simple hecho de vivir, resulta verdaderamente extraordinario disfrutar de este regalo. Sin embargo, al identificar tu misión y tu propósito de vida, resulta muy revelador, es simplemente fantástico y no tiene punto de comparación con nada. Es realmente una oportunidad magnífica y extraordinaria que la vida nos regale una segunda oportunidad, para servir a los demás y para vivir desde otra dimensión. Estarás de acuerdo conmigo en que este hecho resulta simplemente maravilloso.

En mi caso, en estas dos situaciones que te acabo de contar, no te puedo decir que sentí de manera consciente el milagro en mí ser al recibir estos dos magníficos regalos. Son oportunidades de vida que se me presentaron en esos angustiosos momentos, pero de cierta manera, años después de conocer a detalle por mis papás, quienes me narraron estos sucesos, me han hecho reflexionar profundamente y darme cuenta que existe una razón muy poderosa por la cual no dejé este mundo bajo aquellas circunstancias tan terribles y traumáticas. Hoy creo, sin lugar a dudas, que fue para aportar algo de mí a la sociedad, al mundo entero. Seguramente en esos momentos, la enseñanza que les dejó estas dos experiencias, fueron para mis papás, ya que ellos desafortunadamente sí sufrieron conscientemente todos estos momentos tan terribles. Solo imagínate la escena y vivir aquellos segundos que les resultaron eternos, con la adrenalina al tope, la tensión y desesperación al máximo; tan solo imagina por un momento sentir que lo que más amas en esta vida que se te esté yendo de las manos, mientras buscas desesperadamente como poder salvarle la vida. Estarás de acuerdo conmigo que la escena es muy aterradora, sin duda nos deja una profunda reflexión, ¿no lo crees así?

Traigo a cuenta una frase que cito de F. Nietzsche (1844-1900) *"¡No vivamos contemplativamente bienaventuranzas, bendiciones y gracias lejanas y desconocidas, sino de modo tal una vez más quisiéramos vivir, y así eternamente! Nuestra tarea se nos presenta a cada instante"*

Te invito a que lleves a cabo lo siguiente: Inspira a tus hijos a tener una conversación contigo, te dará una óptica muy clara de cómo es en este momento su perspectiva de vida. Hazles preguntas con conceptos escuetos: ¿Qué harías para vivir mejor, más libremente y con más inteligencia? Busca que se den cuenta de cómo potenciar la grandeza, qué sería para ellos ser excepcional. Evita enseñarles a tus hijos a solo conformarse, inspíralos a que imaginen como van a recordar su vida cuando sean adultos, platícales que era lo que tú querías hacer y quizá no lograste, inspíralos a tener una reflexión contigo. ¿Qué pasaría si se pierde la vida? Tomando en cuenta el ejemplo de las circunstancias en las que estuve a punto de morir, busca crear una conciencia: morir evitaría realizar mi propósito, además, tu meta en esa charla es crearles una conciencia que solo tenemos una oportunidad de vivir la vida, y en esa vida aprovechar cada momento para vivir pleno, realizado; como lo comentaremos en próximos capítulos.

> *"Hasta que el inconsciente no se haga consciente, el subconsciente dirigirá tu vida y tú le llamaras destino"*
> *-Carl Gustav Jung*

CAPÍTULO 2

Tu libertad, cierra los ojos y crea.

"Tenemos recuerdos de tiempos pasados en los que éramos libres y disfrutábamos de ello, pero hemos olvidado lo que verdaderamente significa la libertad. Si vemos a un niño de dos o tres años, o quizá de cuatro, descubriremos un ser humano libre… porque hace lo que quiere hacer"
-Don Miguel Ruiz

Recordar es volver a vivir con el corazón…, esta es una frase que leí recientemente y que me hizo sentido, ya que afirmó que efectivamente recordar es revivir antiguas experiencias y no podemos hacer a un lado o evitar que las emociones regresen y nos hagan sentir nuevamente aquellos recuerdos ligados, sin duda, a una serie de emociones del corazón.

Como todo niño, mi infancia estuvo llena de aventuras y experiencias únicas. Veía la vida de una manera extraordinaria, los días para mí eran, cada uno de ellos, de un intenso color y luz esplendorosa. Quizá igual con los mismos colores que hoy veo la vida, pero en aquel entonces eran con mucha mayor intensidad. En este preciso momento, vuelven a mi mente una serie de hechos que marcaron de algún modo mi infancia. Los recuerdos los tengo tan presentes, están tan frescos, que puedo irte describiendo cada detalle. Por ejemplo como cuando llovía y yo estaba en el campo, tenía como 4 años de edad. ¡Amaba ver llover y mojarme! Sentir la lluvia en mi cara, en mis manos, o en mi cuerpo. Experimentaba una emoción muy profunda, era una gran sensación que disfrutaba muchísimo. Incluso me relajaba mucho ver la lluvia caer, y cuando dejaba de llover, me fascinaba el olor a tierra mojada, amaba tocar el pasto recién bañado en agua de lluvia, sentirlo totalmente mojado era algo que disfrutaba muchísimo.

Recuerdo que muchas veces cuando llovía de día, me gustaba subir la mirada al cielo, luego cerrar los ojos con la cara recibiendo la lluvia de frente. Sentía como hermosas caricias aquellas pequeñas gotitas de lluvia. Luego abría mis ojos y buscaba afanosamente identificar esas gotitas que se dirigían a mí desde el cielo, y hasta donde mi vista me lo permitía, me enfocaba en no perderla de vista hasta que se estrellaba en mi rostro... ¡Era fantástico!

Me gustaba observar el cielo por largos ratos, queriendo encontrar una respuesta del porque antes de la lluvia el color de las nubes era más oscuro, y ahora que había dejado de llover y salido el sol, las nubes nuevamente eran blancas, y todo nuevamente lo veía muy claro, muy limpio, como más intenso. Parecía que el cielo y las nubes las hubiesen lavado, ya que antes de la lluvia las veía que estaban como polvosas por el fuerte viento que había soplado antes de llover.

Si volvieras a ser niño ¿qué harías?, ¿hace cuánto que no realizas una actividad con tu hijo o hija de esta naturaleza? Es lindo recordar el pasado, pero ¿de verdad estás conectado con tu niño interior y estarías dispuesto a jugar como un niño más con tus hijos? No precisamente tiene que ser mojarse bajo la lluvia, pero si decides realizarla, te aseguro que sería una estupenda experiencia. Te aseguro que conectarás con muchas emociones que aún desconoces de ti y de tus hijos. Experimenta, por ejemplo, realizar una caminata bajo la lluvia desde tu jardín, si no tienes oportunidad de ir al campo, recibir de frente la lluvia tirados en el pasto, correr, hacer figuras de lodo con ellos, volar una cometa y acompañarlos corriendo tras ellos. Hay un sin número de actividades que, sin duda, puedes realizar. Solo decídete a dar ese paso. Recuerda este primer tip: el lazo padre-hijo tiene un lugar muy importante para el ser humano, sobre todo en la infancia.

Durante muchos años tuvimos animales de traspatio en un pequeño corral en la casa de mis papás, y como costumbre, salíamos mis papás y yo a pastorearlos al campo. Generalmente lo hacía más en compañía de mi mamá, ya que mi papá en esa época tenía varios trabajos y no siempre podía acompañarnos a arrear las ovejas. Tengo muchos recuerdos de aquellos años, tendría en aquella época alrededor de 4 o 5 años de edad, y me estoy imaginando en este momento cuando la lluvia nos alcanzaba en pleno pastoreo, y era algo que a mí me fascinaba. No temía enfermarme por mojarme completamente, algunas veces, muy pocas cuando eran lloviznas ligeras, me quede todo el tiempo bajo la lluvia hasta la última gota. La mayoría de las veces, los regaños de mi mamá hacían que terminara obedeciéndola y yendo a protegerme al lado de ella.

Nunca me dio miedo ver llover, por más intensa que esta fuera; obedecía al tiempo que pensaba cuando sea grande y venga a pastar mis propias ovejas dejaré que la lluvia siempre me empape por completo. Eso nunca ocurrió, mi vida no giraría en torno al campo ni a los animales, aunque los amaba y amaba el campo, sus siembras, sus caminos, me gustaba caminar y disfrutar del aire y del sol y ahora que lo recuerdo ¡no era tan intenso y quemante como ahora!, o quizá en aquella época no lo percibía, no lo sé. Pero, aunque el sol no quemaba tanto, yo lo disfrutaba tanto como mojarme con la lluvia. También me divertía mucho meterme a los canales de agua que corrían al lado de los terrenos sembrados de cualquier cosa: maíz o frijol en su mayoría. En ese entonces se sembraban muy pocas hortalizas y legumbres.

Aprovechaba cualquier oportunidad, y cuando la tenía, corría a ir a asomarme a esos pequeños canales de agua de pozo que, por gravedad, escurrían hacia los terrenos de cultivo. No desaprovechaba poder observar el fondo del canal, tirado a la orilla, sobre el pasto, agachándome hacia el fondo, en donde corría el agua trasparente, fresca y cristalina. Me estoy imaginando como tocaba el agua con mis manos, hasta el fondo, en donde podía sentir el pasto verde que había crecido con la humedad en el fondo del canal. Sin importar que me regañasen, me metía con todo y huaraches. Amaba sentir el agua fresca en mis pies llenos de polvo por la larga caminata desde mi casa hasta el campo. Creo que hasta percibía a través de mis pies un agradable sabor dulce y blando de un agua limpia, transparente y refrescante, que me estaba esperando para saludarme y jugar conmigo.

Disfrutaba mucho caminar, disfrutaba el viaje. Algunas veces recorría el camino al paso de mi mamá o de los animales. En algunas ocasiones escapaba y me iba corriendo. Mi mamá sabía hacia donde iba; me gustaba perderme entre los arbustos y los árboles. Recuerdo que muchas veces corrí sin parar hasta llegar al río. La vereda me la sabía de memoria, sabía cómo llegar y cómo regresar. Antes de entrar en él, me quedaba encantado varios minutos contemplando el paisaje. Era un hermoso lugar que me fascinaba contemplar. Ese río que visité infinidad de veces. Tenía piedras de colores, en el fondo había muchas piedras lisas y redondas, luego muy emocionado me quitaba los huaraches para sentir la textura de esas piedras bajo mis pies. Recuerdo, y vuelvo a sentir, que era muy placentero escuchar correr el agua del rio, combinado por los diversos cantos de los pájaros. Era una hermosa melodía natural que deleitaba mis oídos. Me acompañaban chapulines y libélulas que correteaba y salían hacia la hierba. Contemplaba mariposas de varios tamaños y colores. Recibía un sensacional masaje, ya que amaba caminar varias veces sobre aquellas piedras de diferentes tamaños y texturas en mis pequeños pies. Realmente, todo el tiempo disfrutaba muchísimo cada que iba al río. Casi siempre me ponía a atrapar algunos pequeños peces y recogía algunas piedritas. Me los llevaba en alguna bolsa o en alguna botella que más tarde en mi casa observaba por largo rato recordando mi visita al río.

Recuerdo que había zonas muy bonitas en aquellos caminos. En algunas zonas había enormes pastizales con recortes del suelo, tipo bordos de tierra muy altos, que tenían un color café muy especial. Era un color muy bonito. En otras zonas del campo había árboles frondosos. Algunos muy grandes, con un enorme tallo, y junto a él había varios arbolitos pequeños, que por la forma en cómo se encontraban, yo buscaba como acomodarme desde algún lugar para quedarme ahí un buen rato, observándolos desde mi mejor perspectiva.

Es quizás en estos momentos en donde despertó en mí la curiosidad por el dibujo de las formas, las texturas, los colores y los fondos. Mi curiosidad me llevaba a ver detalles. Era como si quisiera tomar una fotografía. Era precisamente, en dichas tomas, cuando me imaginaba dibujándolos, tratando de obtener en mi imaginación los mismos tonos de los verdes que podía distinguir. Me gustaba observar por largo rato las hojas de los árboles y ver como entre sus ramas atravesaba la luz del sol, mientras el viento las movía ligeramente, provocando un curioso silbido entre las ramas y las hojas que había en el suelo.

Aún recuerdo muy bien esos cantos de los pájaros, era muy común oírlos todo el tiempo. En todo el camino abundaban muchos pájaros, los había de muchos colores, tamaños y cantos distintos, así como mariposas e insectos, con los cuales me divertía correteándolos, varias veces celebré atraparlos. No olvido las veces que se nos hizo tarde y nos alcanzó la noche. Ahí descubrí que los sonidos eran completamente distintos a los que se escuchaban en el día. Cuando no los conocía, le preguntaba a mi papá y él siempre tenía las respuestas, conocía todos los animales del campo y no tenía miedo. Yo a su lado siempre me sentía seguro. ¿Cómo olvidar todos estos momentos? Recordarlos es sin duda alguna, volver a vivir con el corazón.

Aquí otra recomendación para reconocer el talento de nuestros hijos. A veces queremos que tengan muchas oportunidades de aprender y desarrollar habilidades diferentes, lo cual es maravilloso y da cuenta de lo mucho que los amamos. Sin embargo, si nos enfocamos en descubrir una actividad que les dé a los niños la oportunidad de entender y concentrarse en ella, ellos mismos sabrán si les gusta, si tienen y quieren desarrollar las habilidades para realizarla. En mi caso, la paciencia y la libertad que me dieron mis padres, fueron fundamentales para abrir mi mente. Recuerda que el talento de nuestros hijos está ahí, no lo dudes.

A veces como padres, queremos o pensamos que deben ser talentosos. Es casi como un plan. Pero recordemos que la vida es como es. Deja que fluyan. Confía en ellos. Son seres humanos con luz propia. Por eso tienen capacidades y habilidades muy personales. No te sorprendas que probablemente no son las mismas que tú pensabas. Así que mi recomendación es que abras tu mente a lo que sea que ellos descubran. Además, tú y yo sabemos que las cosas con los niños no suceden cuando queremos que sucedan. Permanece observando y atento. Esta es la que considero más importante, porque implica involucrarse en la actividad que realizan tus hijos. Estar presente desde un acompañamiento amoroso, evita caer en presionarlo. Recuerda, para descubrir el talento de los niños hay que estar atentos a las señales que ellos mismos nos dan.

Siguiente ejercicio: pide a tu hijo que realice una lista de por lo menos las 25 cosas más relevantes que él considera hasta este momento, si pueden ser más mucho mejor. Esta es una estupenda forma de saber qué significado tiene cada uno de esos acontecimientos que han marcado de alguna u otra manera su vida y auto conocerse a edades muy tempranas es muy importante. Esa lista te dará datos muy valiosos de la vida de tus hijos: conocerás las cosas que más le importan, las personas que más le han marcado y en qué sentido. Sus valores, sus "rarezas", sus hobbies, sus pasiones, sus miedos, sus curiosidades pequeñas y grandes, sus logros, que anote todo aquello de lo que se siente orgulloso o de lo que quizá no tanto. Pídele que anote lo que considera sus fracasos, incluso. Este ejercicio sin duda te ayudará a descubrir qué le gusta a tus hijos y cómo pueden impulsar su creatividad. No solo para lo que les guste, sino para lo que les pueda llegar a gustar también.

"Quieres construir algo grandioso, debes enfocarte en cuál es el cambio que deseas hacer en el mundo"
-Mark Zuckerberg

SEGUNDA PARTE

DESARROLLANDO MIS TALENTOS

CAPÍTULO 3

La imaginación, el principio del deseo.

"El deseo es el punto de partida de todo logro, no una esperanza, ni un sueño, sino un deseo pulsante que lo trasciende todo"
-Napoleón Hill

Vienen a mi mente nuevamente tantos recuerdos, e imagino otra vez, cómo olvidar aquellas noches cuando después de una larga jornada en el campo y una vez guardados los animales en su corral, me recuerdo sentado en la mesa junto a mi papá, con mis dos hermanas y mi mamá sirviendo la cena. Se me hace agua la boca, solo de recordar como disfrutaba y saboreaba cada sorbo de té de una hierba muy característica del campo, que a mi mamá y a mi papá les gustaba mucho, y que la tomábamos cada noche, o a veces un café recién hervido, generalmente acompañado de una pieza de pan o un plato de sopa caliente, antes de tomar un baño e ir a la cama a dormir. A mi papá le gustaba, y a mí me fascinaba, que nos contara historias, leyendas o cuentos. Otras veces hacía con nosotros pequeños juegos. ¡Recuerdo con mayor frecuencia las noches cuando afuera estaba lloviendo y las historias que nos narraba estaban llenas de mucha emoción! Escuchaba sumamente atento a aquellas anécdotas sobre apariciones e historias de miedo, que él mismo en su pasado, nos decía, había experimentado y que nos platicaba a mí y a mis hermanas.

Esta es una de esas fantásticas historias que me emociona mucho poder compartirte. Nos narraba de cuando era más joven y tenía que ir a regar la siembra de mi abuelo, a veces a media noche o en la madrugada. Mientras él hablaba, yo lo escuchaba con mucho asombro y atención, no me perdía ningún detalle. También mi mamá lo escuchaba mientras estaba terminando de levantar la mesa y acomodando sus trastes. Mis hermanas, sobre todo la que me seguía en edad, sí que se asustaba. En cambio yo me daba cuenta de que mi hermana mayor no le creía del todo. Solo algunas cosas, pero no decía nada, estaba atenta también a esas interesantes platicas. Mi hermana mayor muchas veces se me quedaba observando como preguntándome ¿tú le crees a papá? y con su mirada podía adivinar que me decía "yo no". Sin embargo, mi cara de asombro demostraba que yo sí estaba escuchando y creyendo absolutamente todo.

Mi mente volaba de manera increíble, e iba imaginando cada detalle, cada situación, y me preguntaba cómo serían esas sensaciones, cuanto miedo habría experimentado al escuchar esos ruidos extraños a media noche, por aquellos caminos llenos de maleza y tupidos de matojos que impedían ver la luz de las estrellas, o la propia luna. Quizá en un cielo nublado o ¡peor aún, lloviendo! Mis pensamientos no paraban, ya que recordaba que los sonidos del campo en el día eran muy diferentes a los de la tarde, y eran otros los que se escuchaban por la noche. Es decir, todo iba de acuerdo a la hora en la que encontraba el reloj, sin duda afirmaba al escucharlo. ¡Mi papá es muy valiente! Porque no sentía miedo de ir completamente solo a realizar esas tareas que mi abuelo le encomendaba.

Nos decía que para ir y venir más rápido se decidió a llevar su bicicleta. En una ocasión anterior esta historia nos la platicó como fue que sintió que ¡lo seguían a sus espaldas! Obvio mi papá nunca quiso enterarse, ni saber siquiera, qué o quienes era él o los que lo seguían… Aunque algunas veces en esos relatos, si recuerdo haber escuchado que nos dijo que tuvo que detenerse porque ¡entre las sombras de los arbustos notó que pequeños cuerpos de niños no lo dejaban avanzar! ¡Guau, qué miedo! En una ocasión contó que ¡hasta lo derribaron de la bicicleta! y ¡se le fueron encima aquellas criaturas que quien sabe Dios de dónde habían salido! ¡Qué bárbaro, qué terrorífica escena me estaba imaginando! ¡Mi mente estaba asombrada y llena de imágenes de aquellos pequeños niños traviesos sobre mi papá! Justo en éste momento de la narración, escuchamos llorar a mi hermana pequeña, la de dos años de edad, la cual estaba aterrorizada por lo que estaba escuchando. ¡No pudo más y soltó a llorar! De inmediato mi mamá la tomó en sus brazos para llevarla a una cuna que mi papá le había fabricado a mi hermana mayor, y que también yo la había utilizado en su momento. Fue entonces cuando mi papá decidió que nos fuésemos a dormir, pero mi hermana mayor y yo ya estábamos entrados, así que le pedimos que nos terminara de contar en que concluyó aquel sobresalto que le tocó vivir aquella noche… Accedió y nos continuó diciendo que no fue la única ocasión que eso le sucedió. Contaba que, por aquellos años, alrededor de 1960 hacia atrás, era muy común toparse con este tipo de "visiones" o "apariciones" extrañas y experimentar estos "sobresaltos" del corazón. Yo no me perdía ningún detalle, a estas alturas de la interesante narración. Para este momento ya había tomado otro pan de la mesa, y completamente atento lo comía muy lentamente, mientras escuchaba aquellas fantásticas historias que mi papá nos estaba narrando.

¿Te atreverías a crea una escena como esta que acabas de leer? Imagínate una noche con tus hijos, afuera lloviendo. Apaga todas las luces de tu casa, coloca unas velas sobre la mesa, acérquense a una ventana, abre las cortinas para tener una mejor vista de la lluvia y quizá hasta de los relámpagos. Lleven hasta ese lugar la mesa, una sillas, y quizá tomen algunos bocadillos, mientras les cuentas parte de tu infancia o la del abuelo, o quizá alguna anécdota de la familia, o de algún amigo. Y si de plano no hay alguna historia que tú te sepas, toma un libro y léeles algo. Ponle mucha emoción a cada momento, llena de creatividad esa noche y te darás cuenta que los niños aman esas historias, y con esos ambientes despertarás una gran imaginación. Desde luego, puedo asegurártelo, será de las cosas que recuerden por mucho tiempo. Este ejercicio es parte del desarrollo de su creatividad e imaginación para sus talentos.

Otra recomendación: planea un momento así, con tus hijos. Donde no haya televisión, ni redes sociales, ni internet. Quizá fuera de casa, pero dale a tu hijo la libertad de escoger. Algo muy importante, muchas veces el padre debe cuidar que la actividad sea algo que al niño le gusta y no algo que el padre cree que le debe gustar al niño. Va a ser cosa de probar varias antes de encontrar las ideales.

En otra ocasión, mi papá nos reveló que por el río, el mismo que a mí me encantaba visitar, en una noche de luna llena después de terminar no muy tarde sus labores en el campo, se dispuso a tomar su bicicleta, y muy presuroso se dirigía hacia el pueblo, ya que muy pronto oscurecería totalmente. Este instante de la tarde-noche, los abuelos decían que el día estaba a dos luces, es decir, se podía distinguir aún con la luz que existía del día que estaba terminando, y también se podía ver con la luz de la luna que comenzaba a alumbrar. Para aquella ocasión era evidente que la noche se aproximada. Pues resulta que al dejar la parcela y llegar a la orilla del río, ya la noche había caído, por lo que mi papá se dispuso a no bajarse, y montado sobre la bicicleta se lanzó a cruzar el río, para evitar mojarse los pies y perder más tiempo, ya que era un poco tarde. Por lo tanto, así decidió hacerlo y se acercó a una parte del río en donde era prácticamente un espejo de agua y por

donde mucha gente cruzaba a pie o en carreta o sobre sus animales con burros o caballos.

Pronto, sin darse cuenta, mi papá observó con
asombro que ¡había alcanzado a una mujer! que iba
justamente caminando delante de él, subiendo también por aquella orilla del río para llegar al viejo camino real. Sin dudarlo, mi papá apresuró el paso
buscando lograr darle alcance y conocer de quien se
trataba, para que, si ella así lo deseaba, pues podía
subirse en la bicicleta de mi papá y acercarla al pueblo. ¿Pero cómo sería mi expresión de sorpresa tan
grande que me llevé?

Nos preguntaba, mientras yo imaginaba la cara de
asombro, y al mismo tiempo de terror que habría
puesto mi pobre padre, ¡cuando descubrió que no
podía darle alcance, aún él yendo sobre la bicicleta! y
esto era inconcebible, ya que esa aparente mujer iba
caminando. No era nada lógico lo que estaba sucediendo, escuchaba a mi papá y me mordía los labios
de intriga, miedo y curiosidad. Recuerdo exactamen-
te cómo dijo que en ese preciso momento sintió cómo un extraño escalofrío invadió todo su cuerpo al
momento de ir pensando y descubrir que ¡era totalmente extraño que una mujer a esas horas anduviera
sola en la noche por el río y sin suéter! Yo me apre-
sure a preguntarle, ¿cómo que sin suéter papá? ¡Si
hijo! Volteó a verme para contestarme. Mi papá tenía
gracia para contar esas historias que yo amaba escuchar, bueno, continuó ¡esa mujer no llevaba suéter! y

era una época del año en donde el frío desde que el sol se ocultaba ya era muy fuerte. Yo deducía a que se refería, ya que todo esto ocurrió en el mes de diciembre, así iba pensando.

Pues resulta, continúo narrando mi papá, que comencé a hablarle a esta "supuesta mujer" para que se detuviera y le viera la cara. Yo trataba de ver su cara, decía mi papá, ¡pero no lo lograba! ¡Su paso, aunque aparentemente iba caminando, era muy rápido! Y continúo hablando, fue como si me hubieran dicho ¡mira hacia el suelo! ¡Por lo que fui bajando poco a poco la mirada hacia el suelo y efectivamente descubrí algo horrible! ¡No llevaba pies! ¡Mi hermana mayor ya no pudo contener su asombro y soltó un fuerte grito de susto! Yo sin voltear a ver la cara de espanto de mi hermana, pues no quería dejar de ver ni un solo momento los gestos y la expresión de la cara de mi papá, con cada detalle de esa historia, seguía atento a lo que estaba diciendo. Movía cada vez más mis pies debajo de la mesa, estaba temblando de susto… y en seguida agregó, ¡La verdad es que si me asusté mucho y también estuve a punto de gritar como tu hermana!

El pan que había tomado momentos antes, ya me lo había terminado, y solo jugaba con mis dedos para ocultar el tremendo nerviosismo que era muy evidente en mí. Incluso recuerdo como, con esas historias ¡podía percibir que sentía muy acelerado mi corazón, podía sentir muy claros los latidos en mi pecho! Esa noche tenía ambas manos cruzadas sobre la mesa al tiempo que preguntaba y ¿qué más pasó papá? Le pregunté una vez más, y continúo diciendo, pues resulta que ¡nunca me contestó! ¡Supe entonces, en ese preciso momento, que no se trataba de una persona realmente normal! ¡Era "una cosa" que se me había aparecido en medio de la noche a orilla del río! Ahora sí, al escuchar esto, mis ojos estaban prácticamente desorbitados, ¡ya no podía más! Al tiempo que mi papá exclamaba, ¡ahora sí me sentía verdaderamente asustado, tenía mucho miedo! ya que ¡una mujer no viste con vestido blanco, con un velo que llegaba casi hasta el suelo y usaba el pelo muy largo y suelto!… al escuchar esto sentí ese mismo escalofrío, el mismo que seguramente era el que había sentido mi papá cuando había experimentado esa horrible escena.

Cuantas historias, cuantos cuentos recuerdo que a mi papá le gustaba contarnos, especialmente en las noches, y más aún cuando estaba lloviendo afuera. Cuando terminábamos de cenar, y para esperar la hora de ir dormir, le pedía a mi papá que nos contara alguna historia y siempre accedía. Que tiempos, mi hermana mayor tendría a lo mucho 6 o quizá 7 años, yo entre 4 o 5 años y mi hermana la menor 2 años. Que feliz me sentía al escuchar aquellas historias fantásticas, que no siempre eran de terror, algunas eran de la infancia de mis abuelos, de la infancia de mi papá, o tambíen la de mi mamá, que compartió muchas historias con nosotros.

Recuerdo muy bien como era mi casa, recuerdo como vivíamos, era un solo cuarto grande, dividido por una cortina de tela y en medio había un par de camas. Una de ellas era de mis papás, otra era para mi hermana y para mí, y mi hermana pequeña dormía en su cuna de madera, que mi papá había construido años atrás. La letrina estaba afuera, solo un foco alumbraba el patio que era muy grande, lleno de plantas, ya que a mi mamá siempre le gustaron mucho las flores y las plantas. El jardín lo habían arreglado entre mi papá y mi mamá en sus ratos libres. En las tardes se ponían a arreglarlo, o en los fines de semana. Recuerdo cómo, siempre ambos se ayudaban, les gustaba arreglar la casa, el jardín, que a pesar de ser muy sencilla siempre la teníamos limpiecita. Había un corral pequeño para nuestros animales, teníamos un perro, varias gallinas y muchas ovejas.

En esa época no teníamos televisión, solo escuchábamos varias estaciones de radio que me sabía de memoria, las que sintonizaba mi mamá y mi papá. Recuerdo que pasaban series de radio novelas por la mañana y que me encantaba escucharlas atentamente al lado de mi mamá, y por la tarde escuchábamos las aventuras de fantásticos actores que narraban con tanta emoción los locutores de aquella época. Yo me imaginaba todas las escenas en las que desarrollaban los hechos de aquellas historias extraordinarias. Mi imaginación volaba, no me perdía ningún capítulo de las radionovelas con mi mamá, y tampoco fallaba con mi papá. Recuerdo que eran muy emocionantes. Realmente lo disfrutaba mucho, vuelve a vibrar muy fuerte mi corazón al sentir nuevamente aquellas sensaciones, al revivir todas esas experiencias.

Otro recuerdo que también tengo muy presente, es que a mi papá y a mí nos encantaba escuchar en la radio las trasmisiones en vivo de los partidos de béisbol. Me acuerdo que en cierta ocasión llegué a preguntarle a mi papá como era un campo de béisbol, tenía mucha curiosidad de saber en dónde se llevaban a cabo esos partidos con jugadores muy famosos. No olvido el momento cuando mi papá se me acercó y me dijo a manera de promesa algo más o menos así: "ya verás hijo que un día te llevaré al estadio y veremos tú y yo juntos, desde las gradas, un buen partido de esos de la final, que se ponen muy buenos. Te lo prometo que iremos tú y yo a ver a esos jugadores, lo que no te aseguro es que los puedas saludar, pero sí podrás verlos desde muy cerquita; ¡Los conocerás en vivo, que te parece…!" Ese día me sentí inmensamente feliz al recibir esa noticia de que mi papá me llevaría al estadio a conocer los jugadores de béisbol, corrí a decírselo a mi mamá y a mis hermanas; estaba súper emocionado con la noticia.

Hoy al recordar esas palabras de mi papá se me llenan de lágrimas los ojos, al recordar esa promesa que mi pobre padre nunca pudo cumplir, y que meses después yo entendí sin reclamarle nada. Ahora comprendo que quizá me dijo eso al ver mi cara llena de emoción, al escuchar con la oreja pegada a la radio la trasmisión del partido, y es que me sabía de memoria los nombres de todos los jugadores del equipo, incluso el nombre de los suplentes, y de muchos jugadores de otros equipos importantes de la liga mexicana de béisbol. Muchos de esos jugadores profesionales eran extranjeros, pues también me sabía sus nombres, y entendía perfectamente todas las reglas del juego, porque mi papá me las había explicado.

Era tanta mi pasión por escuchar esos partidos, que muchas veces llegué a imaginarme, a visualizarme yo mismo jugando un importante partido de béisbol a nivel profesional, como cualquier jugador estrella que eran de mis favoritos en varios equipos. Cuanta emoción y con cuantos nervios vibraba cuando me imaginaba en un estadio lleno, abarrotado. El ruido y las ovaciones de la gente emocionada a más no poder. Podía imaginarme los gritos de los vendedores, podía ver a la gente, súper emocionada e inquieta, y la tensión a todo lo que da, por uno u otro equipo, para ganar el juego, o la temporada, o para ir al juego de estrellas, donde se reúnen solo los mejores jugadores. En las últimas entradas siempre se ponían muy interesantes e intensas las jugadas y la emoción se desbordaba, de verdad gozábamos

enormemente mi papá y yo de esas estupendas trasmisiones.

*"Un pensamiento positivo o negativo hace
estallar una reacción en cadena de
pensamientos similares"*
-David J. Schwartz

CAPÍTULO 4

Miedo al cambio, desapego.

"Si no vemos nuestros miedos, le pasaremos nuestros miedos a nuestros hijos"
-Bruce Lee

Era el año de 1980 y con gran emoción recibí la noticia de que pronto iría a la escuela primaria. Por aquellos años en mi pueblo, no se había instalado aún el sistema de preescolar, aunque ahora recuerdo que sí había la opción de ingresar un solo año. Me parece recordar que justo en ese año, se daba la apertura en unas instalaciones provisionales del ayuntamiento. Era el primer año de preescolar para todos los niños de entre 5 y 6 años de edad. Para algunos era un año previo a la primaria. Al ser un "sistema nuevo" mis papás no tuvieron mucho interés en enviarme a la "nueva escuelita" que se acababa de abrir, así que decidieron que era mejor entrar directamente a escuela primaria.

Recuerdo que un sin número de veces, ya habíamos pasado cerca de la escuela primaria y no había puesto mi atención en ella. Pero a partir de haber recibido la noticia de que estaba próximo mi ingreso, cada vez que pasábamos por ahí, por cualquier motivo hacía diversas preguntas. Mi curiosidad era muy grande, y como casi no convivía con niños de mi calle, ni con vecinos; en este aspecto mis papás eran muy estrictos ya que ni a mí, ni a mis hermanas nos permitían una convivencia abierta con niños de nuestra edad, no hasta esa edad. Por lo tanto, lo que recibía de información solo era de mis papás y de mis hermanas, sobre todo de la mayor, con quien jugaba mucho y me compartía sus experiencias en la escuela. Ella, al ser dos años mayor que yo, me animada a conocer la escuela, me decía que todo era muy bonito, porque aprendías muchas cosas nuevas, y sobre todo me decía que iba a tener la oportunidad de hacer nuevos amigos. Me llamaba mucho la atención todo lo que mis papás le compraban a mi hermana para la escuela. A ella le gustaba mucho sentarse por las tardes a hacer su tarea conmigo, y recuerdo que por esos días ella estaba aprendiendo a leer y me decía que además sus maestros le estaban enseñando a conocer los números, y me mostraba como hacia algunas pequeñas sumas y restas.

En alguna ocasión al estar yo con ella, de pronto, ¡vi algo que llamó poderosamente mi atención! eran los lápices de colores que le habían comprado y que utilizaba para hacer algunos dibujos en su cuaderno. Recuerdo que no me perdía los momentos cuando estaba junto a ella y hacia sus tareas de iluminar o dibujar. Algunas veces me los prestaba, junto con una hoja de papel, para realizar algunos trazos, mientras me platicaba como le había ido en la escuela y cuantas amigas tenía. Recuerdo que los colores de mi hermana, siempre terminaba quitándomelos, porque yo nunca quería dárselos de regreso. Recuerdo también que me pasaba horas y horas haciendo trazos o cualquier cosa en las hojas que me regalaba mi hermana. Algo curioso que recuerdo también, era que siempre, lo que dibujaba eran árboles y casas, y las hacia siempre de una misma forma. No sé por qué, pero siempre sucedía lo mismo. Otra cosa curiosa era que al tomar los colores siempre elegía los tonos azules y los verdes.

Por fin llegó aquel día tan esperado, y desde la noche anterior me comencé a imaginar cómo sería el salón en donde me tocaría estar. Imaginaba cuantos niños nuevos como yo llegarían al mismo salón. ¡Veía una y otra vez mi cuaderno y mis colores! que mi papá, con la condición de acudir a la escuela, me había comprado. Un día antes ya los había abierto y los había formado en la mesa. ¡Me llenaba de una profunda emoción poder utilizarlos! A mis colores no quería sacarles la punta para tenerlos listos, decidí llevarlos así nuevos, me imaginaba solo una cosa y eso me llenaba de un gran entusiasmo ¿Qué nuevos dibujos aprendería a realizar ahí en la escuela? Pero de algo sí estaba seguro, que iba a utilizar ¡TODOS, SÍ, TODOS los colores! no como hasta ahora, solo azules y verdes. Me emocionaba tanto aprender a dibujar casas y árboles de diferente manera, ¡Guau, estaba súper feliz y lleno de emoción!

Esa noche anterior a la escuela la recuerdo mucho, ya que estando acostado en mi cama, comencé a crear en mi mente una serie de pensamientos muy bonitos, sin poder dormir, y de inmediato comencé a imaginarme el recorrido que iba a realizar al siguiente día desde mi casa, al salir de mi puerta, hasta llegar a la puerta de la escuela. Recuerdo que creaba las imágenes como si las estuviera viviendo. Me imaginaba como me iría encontrando en el camino a varios niños que días antes mis papás me habían dicho que también irían a la escuela como yo. Veía que todos iban felices, cada uno con sus mochilas, apresurando el paso para no llegar tarde. Algunos acompañados por su mamá o por sus hermanos mayores. Mis pensamientos me iban llevando por el camino, e iba además revisando en mi mente si había olvidado alguna cosa. También iba repasando las indicaciones que mi mamá me había dado antes de salir y al despedirme de ella en la puerta de mi casa.

Recuerdo que ¡llevaba zapatos nuevos, un uniforme que me encantaba como se me veía y me habían dado unas monedas para poder comprar algo a la hora del recreo! ¡Guau, todo era fantástico! Llevaba dinero para poder comprar en la tiendita de la escuela. Recuerdo que anteriormente mi hermana me había contado que vendían unas enormes paletas de dulce, había galletas, chocolates, refrescos pequeños, chicles, papas, helados, en fin. Me decía que había muchas cosas, y de momento no se me ocurría lo que me podía comprar, me imaginaba y decía dentro de mí "...ya estando parado frente a la tiendita escolar elegiré que me compro..." no recuerdo en qué momento debí haberme quedado dormido, seguramente fue muy tarde, porque yo seguía creando e imaginando cada escena de mi llegada a la escuela y como seria esa nueva aventura que me estaba esperando.

Pronto amaneció y mi mamá, que siempre se levantaba muy temprano, me fue a despertar hasta mi cama, así que me puse de pie muy rápido. Noté que mi hermana ya estaba arreglándose, por lo que no demoré. Comencé a arreglarme yo también, y mientras lo hacía, mi mente me decía que lo que había imaginado o soñado en la noche tenía que hacerse realidad. Sin perder más tiempo, con la ayuda de mi mamá y de mi hermana, ya estaba listo. Recuerdo que antes de salir de la casa, mi mamá nos sentó a la mesa y nos sirvió a mi hermana y a mí un vaso de leche con chocolate y colocó algunas piezas de pan sobre la mesa. Yo me sentía preocupado por la hora que era, no quería llegar tarde y lamentaba haberme quedado dormido, así que tomé muy rápido el chocolate con la leche y no tomé ningún pan para no tardar más. Mi mamá comenzó a darnos indicaciones: a mi hermana que me buscara en mi salón a la hora del recreo y que no me dejara solo, que comiéramos juntos y me acompañara a mi salón de regreso, y a mí, que por ninguna razón me perdiera de la vista de mi hermana a la hora de la salida. Nos dejó muy en claro que a esa hora ella ya estaría esperándonos en la puerta de la escuela.

En cuanto mi hermana terminó de desayunar el pan y la leche con chocolate, nos levantamos de la mesa. Tomando las mochilas, vi que mi mamá tomó su suéter y una bolsa. Ese momento fue cuando noté que algo no estaba bien para mí, y fue entonces cuando me di cuenta de que mi mamá estaba más arreglada que de costumbre. Recuerdo que sacó de su bolsa unas monedas y se las dio a mi hermana. ¡Al ver eso, de inmediato recordé mi sueño y puse mi mano frente a mi mamá para recibir mis monedas! Ya que me había visualizado yendo a comprar y por fin conocer la tiendita escolar. Mi mamá volteó hacia mí, y al ver mi mano extendida me dijo: tú vas a estar con tu hermana, ella te comprará lo que quieras a la hora del recreo, siempre y cuando te portes bien y no vayas a llorar… ¿Entendido? Al escuchar eso simplemente no comprendí… me pregunté dentro de mi ¿Por qué habría de llorar frente a la tiendita si era algo que deseaba conocer? Y además, ¿Por qué habría de portarme mal en la escuela, acaso era posible portarse mal?

En fin, no había tiempo para más preguntas, salimos de la casa, cruzamos el patio. Recuerdo haber visto que la mañana estaba muy linda, el cielo estaba despejado y era muy azul, mucho más intenso que de costumbre. Seguí a mi hermana, y cuando llegamos a la puerta ya para tomar la calle ¡mi mamá volteó a verme y algo extraño sentí con su mirada! Noté que algo había dicho en silencio. En ese momento recordé que mi papá no estaba en la casa porque se había ido muy temprano a trabajar. Di unos pasos para acercarme a mi mamá y despedirme de ella, pero en ese momento se inclinó hacia mí y me dijo ¡dame tu mano, los voy a llevar a la escuela, solo hoy que es el primer día de clases!

Desconcertado, porque nada estaba sucediendo de acuerdo a como lo había imaginado la noche anterior, sentí lo fuerte que mi mamá tomó mi mano y salimos de la casa. Comenzamos a caminar. Mi hermana iba delante de nosotros. Yo empecé a recordar todo lo que había sucedido en mi mente el día anterior, todo lo que me había imaginado y que en la noche volví a repasar. Sin embargo, descubrí que nada de eso estaba sucediendo ¡nada coincidía como lo había imaginado! De repente comencé a ver a muchos niños con su papá y otros como yo acompañados de su mamá, pero algo se me hacía muy extraño y era que la ¡mayoría iban llorando…! ¡Nada, nada coincidía definitivamente! El camino a la escuela no estaba siendo divertido, las cosas no estaban bien, y no estaban sucediendo así de lindas como las había creado. Esto que estaba pasando no me estaba gustando, además el paso apresurado de mi mamá me estaba estresando mucho ¡Mi hermana casi iba corriendo delante de nosotros! Mientras yo iba pensando muy confundido ¡no había recibido el dinero en mi mano, no iba solo a la escuela y nunca en mi sueño vi a niños llorando! Aun sin saberlo en ese momento, las respuestas a todos mis interrogantes, las tendría pronto.

¡Por fin, llegamos a la escuela! Mi hermana se despidió de mí y de mi mamá y se fue sola a su salón de clases, pero yo no le puse mucha atención ¡Mi atención estaba en aquello que era un desorden, había muchísima gente! ¡Veía a niños llorando por donde volteaba a ver! Observaba que algunos incluso ¡estaban tirados en el suelo resistiéndose a entrar a la escuela! Recuerdo haber visto a muchos papás hablando con sus hijos, sentí que cada vez más mi mamá apretaba con mayor fuerza mi mano. Caminamos y llegamos a un salón y luego a otro, pasamos a otro y nada, mi mamá no encontraba al maestro o a la maestra que me recibiera, ni siquiera sabíamos que grupo me tocaba. Mientras, yo no dejaba de observar a niños llorando por todos lados. ¡Ya para este momento, algunos ya no solo lloraban sino estaban gritando que no se querían quedar en la escuela, y pedían desesperadamente regresar a su casa! A estas alturas yo ya estaba muy asustado, no entendía porque lloraban tanto aquellos niños, ¿Dios santo qué es todo esto?, ¿qué está pasando aquí? Me preguntaba mientras el miedo me iba invadiendo cada vez más, y en mi cabeza comenzaron a surgir estas preguntas ¿acaso me habrían mentido mis papás y mi hermana diciéndome que en la escuela se la pasaba uno súper bien? ¿Por qué lloraran así esos niños?

No pude evitar que mis manos empezaran a sudar, mi corazón se empezó a acelerar y la sensación del miedo me invadió por completo al grado de no poder evitar llenar mis ojos de lágrimas también. Por fin encontramos mi salón de clases y en la puerta había muchos papás hablando todos a la vez con una maestra la cual recibía a los niños de la mano al tiempo que les daba información a los papás. Presurosa, mi mamá se abrió paso entre toda esa gente para llegar hasta la puerta y ahí nos detuvimos. ¡Lleno de asombro conocí por primera vez mi salón de clases! Pude ver desde afuera el interior del salón ¡era muy amplio, estaba limpio, tenía adornos, había muchos dibujos de animales, arboles, frutas y plantas! ¡Por fin llegó el momento…!

Esta escena la tengo muy presente, mi mamá se agachó hasta verme de frente y mirándome fijamente a los ojos la escuché primero decirme: ¿Qué es lo que pasa hijo…? Y es que ¡mis ojos estaban llenos de lágrimas…! yo sentía un enorme nudo en la garganta que me impedía pronunciar las palabras, solo podía mirarla fijamente… mi mamá continúo diciéndome. ¡Ya viste como la escuela y tu salón de clases está mejor de lo que te habías imaginado! Me abrazó muy fuertemente y sentí cómo en ese preciso momento me invadió una profunda emoción, y de inmediato comenzaron a llegar muchísimas imágenes a mi mente, de mi casa, de mi papá. Comenzaron a desencadenarse de manera muy vertiginosa, pensamientos en una enorme cantidad de imágenes y recuerdos de cuando iba con ella al campo, de mis aventuras en el rio, de nuestras ovejas, de cuando mi mamá y yo nos protegíamos de la lluvia, de las noches cuando jugábamos antes de irnos a dormir, de las fantásticas historias de mi papá… Fueron segundos en donde me invadió por completo una extraña sensación. Sentía también cómo se iban alejando esos recuerdos e imágenes y quedando atrás… me parecía que se iban junto con mi mamá, la cual después de unos minutos antes de despedirse de mí con un beso diciéndome al oído: "Tranquilo hijo, deja de llorar. Tu maestra te llevará a tu lugar, ¡te aseguro que te vas a divertir muchísimo y te la vas a pasar increíble!". Tomó mis dos manos y continúo: "Al rato te buscará tu hermana, van a comer juntos, anda deja de llorar, a mí también me encantó tu salón de clases, ¿verdad que está increíble? Mira, hasta a mí también me están dando ganas de llorar por lo lindo que está". Soltó mis manos, se incorporó y se retiró.

Mis manos estaban empapadas de sudor, sequé mis lágrimas y en ese momento se me acercó la maestra, tomó mi mano y me llevó hasta mi lugar. Hasta ese momento comprendí dos cosas: una, que si todos lloraban, era por miedo a desprenderse de sus papás y el miedo a lo desconocido, y dos, que mi mamá creyó que yo lloraba de la emoción de estar por primera vez en mi salón de clases, el cual al verlo tan lindo y arreglado me sacó hasta las lágrimas, y de manera muy creativa e inteligente me hizo creer esa verdad, cuando en realidad ella y yo sabíamos que no era así.

Muy pronto me adapté a esta nueva etapa. El carácter y el trato de la maestra influyeron mucho. Era una maestra extraordinaria, sin duda fue la mejor maestra que me toco de toda la escuela, me motivaba mucho y siempre tenía atenciones con todos, estuvimos muy a gusto con ella y lo mejor es que ¡Me toco dos años seguidos con ella! muy rápido le tome cariño y sin duda fueron de los mejores años que recuerdo en la escuela primaria.

Aquí te dejo otra sugerencia. El talento de nuestros hijos va más allá de la habilidad para realizar de manera exitosa alguna actividad, identificar ese talento es compartir con él la capacidad de que su habilidad le permitirá asegurar esta afirmación: yo puedo, junto con yo quiero y yo lo deseo, y esto nos llevará a la acción que uno debe compartir con él para lograrlo. Si ambos papás e hijos trabajamos en equipo el resultado será para tu hijo: yo actúo, y para ti como papá: yo hago que suceda. En mí historia antes de los 5 años de edad, como te habrás dado cuenta, y nuevamente a los 6 años, se me manifestó el deseo por el dibujo. Sin embargo, no tuve la claridad de visualizarlo de manera muy precisa por la falta del acompañamiento de mis padres. Por eso, considera esta experiencia para que tú sí logres crear ese compromiso y empatía con tu hijo, que te permita reconocer esa capacidad y juntos tomar acción.

Partiendo de la idea de que, un proceso tan común para los adultos (ir a la escuela), puede ser tan fuerte a nivel emocional para un niño, cuando no se prevé lo que pudiese resultar tal como me sucedió en el relato que acabas de leer. Es fundamental como papás ser proactivos y crear ambientes. Tan solo imagina que habría sucedido si mis papás me hubiesen hablado de los posibles escenarios que encontraría en el primer día de clases. Recuerda que llegó un momento de máximo miedo que dudé de mis propios padres ante tal desconcierto. Estarás de acuerdo conmigo que los niños con miedo son inseguros, pero lo más significativo es que un niño con miedo, es un niño que no tiene referencias claras de lo que puede hacer y de lo que no, y aquí lo más importante, ya que estas referencias las tienen que dar los padres, y esto es algo que los expertos aseguran: detrás de un niño miedoso hay padres miedosos, que sin plena conciencia de ello lo han trasmitido a sus hijos. Por este motivo, los adultos debemos vigilar los comentarios que hacemos en su presencia. Si el niño escucha que sus padres tienen miedo a esto o aquello, él también tendrá miedo.

Qué te recomiendo: como padre o madre, crea empatía a través de la imaginación (ponernos en su lugar), ayuda a tus hijos, niños o adolescentes, a aprender a prepararse para los desafíos, como los exámenes o los trabajos escolares. Hazle saber a tu hijo que crees en él, que tu hijo sienta plena libertad, se fomente la autoestima, en donde el error sea aceptado y se le motive a superar sus propios límites. No olvides esto: el miedo representa un freno al talento y a la creatividad. Es igual de grave lo que dejamos de hacer por miedo como lo que terminamos haciendo por él.

"No habrá nada que te pueda asustar
si te niegas a tener miedo"
-Mahatma Gandhi

CAPÍTULO 5

Primera gran lección: a veces se gana, otras se aprende.

"Mirar las cosas no por lo que son sino por lo que pueden ser. La visualización añade valor a todas las cosas. Un gran pensador visualiza lo que se puede hacer en el futuro. No se atasca en el presente"
-David J. Schwartz

Aquí sucedería un gran acontecimiento, algo muy muy importante, el cual recuerdo muy a menudo. Yo ya estaba a un año de salir de la escuela primaria y mis habilidades para el dibujo se habían hecho evidentes, no solo en mi salón de clases sino en toda la escuela. Pues, mis compañeros se habían encargado de promoverme como el que hacía muy buenos dibujos y coloreaba padrísimo, a tal grado que me recomendaron para integrarme al grupo de alumnos que irían a participar, representando a nuestra escuela en diferentes disciplinas y yo por supuesto había sido elegido para competir en el área de dibujo. Recuerdo que me buscó el maestro responsable de seleccionar, de entre varios compañeros, al mejor de la escuela, para realizar un buen papel en la competencia, la cual se le llevaría a cabo en tres semanas, en una pequeña ciudad a unos 40 kilómetros de mi pueblo. El concurso seria a nivel regional, es decir, a esa competencia irían representantes de por lo menos unas 25 escuelas, lo cual se antojaba muy competido.

Al principio no me llamó mucho la atención competir, ya que era un chico muy tímido y era muy poco sociable. Me costaba mucho trabajo expresarme y relacionarme con mis propios compañeros.

Casi no tenía amigos y esa era una costumbre que traía desde casa. Recordaras que en el anterior capítulo te mencioné que mis papás no me dejaban ni a mí ni a mis hermanas hacer amigos y tampoco convivir con vecinos de mi calle. Por lo tanto, salir de mi casa y encontrarme en una escuela desconocida, no me gustaba mucho la idea de estar rodeado de gente que no conocía, sentía miedo al imaginarme entre muchos alumnos de otras escuelas, no se me hacía muy atractiva la idea. Así que decidí no esforzarme en el dibujo que nos había pedido el maestro encargado de seleccionar con ello al mejor dibujante y de esta manera no sería el que representaría a nuestra escuela en esa competencia. Nos dio un par de semanas, el tema fue libre y recomendó a cada uno hacer su mejor esfuerzo, ya que si había empate, algo se haría para decidir, porque solo había lugar para una sola persona.

Les comenté a mis papás que había sido seleccionado para representar a la escuela en un concurso de dibujo, y recuerdo que me dijeron que si yo quería ir al concurso regional, tendría primero que ganarles a los niños de mi escuela, lo cual, afirmaron tanto mi papá como mi mamá, me sería muy fácil. Recuerdo que en total éramos 6 niños. Mis papás me dejaron elegir libremente que hacer. Tenía que decidir si ir a la competencia o dejarle la oportunidad a otro. Sin mucho interés dejé que los días pasaran; recuerdo que cuando mis compañeros me preguntaban muy emocionados cómo iba con mi dibujo simplemente les contestaba que bien.

La única que todos los días me recordaba y animaba a empezar a dibujar para ir al concurso era mi hermana mayor. La fecha para la selección estaba tan solo a 3 días para llevarle el dibujo al maestro y que se eligiera al ganador para ir a la competencia regional, y sin embargo yo no tenía nada, es más, ni siquiera sabía que dibujar; pero la insistencia de mi hermana me hizo motivarme, ya que me decía que sería una gran experiencia y que debía aprovecharla. Recuerdo que en una de esas ocasiones que me hablaba del concurso me dijo algo que sí despertó en mí el interés por atreverme a experimentar esta aventura. Ella me dijo: "…tienes una oportunidad única para aprender nuevas formas para dibujar, aunque no ganes, lo importante es que vas a conocer otras formas de dibujo, eso te va a servir mucho, ya verás que tengo razón. Anda, anímate, vale la pena, comienza ya…" y así fue cómo tomé la decisión y comencé esa misma tarde después de regresar de la escuela. No recuerdo haberme esforzado tanto, ni ser muy claro en mi tema, simplemente hice lo que sabía hacer, dibujé y coloreé. Fue algo relacionado con la naturaleza, que era algo que me encantaba.

Al llegar con el maestro los 5 compañeros y yo a mostrarle los trabajos, de inmediato volteó a ver el mío, dio algunos pasos hacia mí para observarlo mejor y rápidamente sentí cómo mi dibujo acaparó por completo la atención del maestro, y ya ni siquiera se ocupó de los otros 5 trabajos, que a mi parecer estaban muy bien hechos. ¡Sin dudar, despidió y agradeció a los 5 compañeros que, cabizbajos, salieron de la oficina del profesor, quizá desilusionados o quizá a salvo! ¡Sí, eso pensé! ¿Y ahora qué hago?, me dije. En el fondo yo no quería ganar, a pesar de haberme convencido de participar gracias a mi hermana. El miedo que sentía al imaginarme asistiendo al concurso era muy grande.

Estuve a punto de detener a dos de mis compañeros para decirle al maestro que esos dos trabajos eran mejores que el mío, que ellos eran los candidatos idóneos para representar a la escuela. Pero no me atreví, algo me impidió hacerlo y es que tampoco me salían las palabras, sentía que las piernas me temblaban y no recuerdo cómo fue que salí de la oficina del maestro, es más ¡ni siquiera puse atención a lo que me dijo! ¡De inmediato corrió la noticia! Al regresar a mi salón ya me esperaban mis compañeros con una porra y las felicitaciones de la maestra, la cual dijo frente a todos que sin durarlo haría un gran papel al representar a toda la escuela. ¡Me decía que se sentía muy orgullosa de que un alumno de su salón hubiese sido el elegido! ¡Era tanto mi desconcierto y miedo que ya no sabía si se estaban burlando de mi o de verdad me animaban! Uno y otro de mis compañeros y compañeras me pedían el dibujo que sujetaba en mi mano izquierda. ¡Querían verlo, admirarlo!, ya que con ese dibujo les había ganado a los compañeros de los otros salones. Recuerdo que se lo arrebataban entre ellos al tiempo que se asombraban al verlo.

En mi casa la primera que me felicitó fue mi hermana la mayor, la cual me dijo "ya ves, yo estaba segura que ibas a ganar", la veía sin decirle nada y corrió a darle la noticia a mi mamá, quien al ver mi cara me dijo "no te veo muy contento, ¿no se supone que querías ir al concurso?, ¿qué pasa? me preguntó". A lo que le contesté: tengo miedo mamá. Sin dudar se acercó a mí y me dijo "¡no te preocupes, tu haz lo que sabes hacer y listo, seguro ganarás!" ¡Esa afirmación me provoco aún más miedo!

Llegó el día del concurso. Mi papá me llevaría, eso me dio mucha confianza. Había pedido permiso en su trabajo para faltar y llevarme. Para animarme y darme confianza me había comprado varios lápices de grafito y de colores, dos gomas para borrar y dos sacapuntas. Recuerdo que después de desayunar salimos de casa a tomar el camión hacia aquel lugar desconocido para mí hasta ese momento. Iba muy tenso y pensativo. Recuerdo que llegamos a tiempo al lugar. La competencia era tan grade que por disciplinas se habían repartido en diferentes partes de aquella mediana ciudad. Ahí encontramos al maestro. Al verlo repetía en mi mente que gracias a él ahora estaba metido en todo esto, lo decía en silencio mientras saludaba a mi papá. Me llevó a registrarme y a que me asignaran el lugar donde trabajaría al lado de todos los que participaríamos en el concurso de dibujo.

Recuerdo que nos reunieron en un salón muy grande, era como un gran anexo a la dirección de la escuela sede. Éramos muchos, más de 50 yo creo, pero los veía y ¡me parecían más grandes en edad y estatura que yo! La mayoría eran muy altos, no podía creer que estuvieran en la primaria, eran para mí alumnos como de tercero de secundaria. En fin, tomé mi lugar y no tardó en empezar todo aquello. Se presentaron los jueces, nos fueron dando las indicaciones, explicaron la técnica y nos dieron un trozo de papel rígido para trabajar sobre él. ¡No podía creer lo que estaba escuchando! ¡Nos estaban pidiendo dibujar a lápiz un rostro, sí, un rostro! ¡Podíamos decidir el que fuera, de un niño, de una mujer, de un anciano, de un hombre, pero tenía que dibujar un rostro! ¡Ufff, estaba sorprendido y asustado de lo que estaba escuchando! ¡Yo en mi corta vida, jamás había dibujado un rostro y menos aún en 3 horas! ¡3 horas, era el tiempo que nos habían dado para terminarlo y exhibirlo…! ¡Estaba aterrado, temblando me apoyaba sobre la mesa que me habían asignado!

Los jueces habían dicho que terminado el tiempo dejaríamos los trabajos sobre las mesas y ellos pasarían a cada lugar, y al final de su recorrido emitirían una votación secreta, la cual darían a conocer más tarde. Luego permitirían el acceso a todas las personas que esperaban afuera de aquel enorme salón para que papás y público en general pudieran recorrer y admirar los trabajos terminados de todos los alumnos concursantes. Terminando los recorridos, se cerraría el acceso al público y ya no se permitirá el recorrido por los pasillos. Inmediatamente esperaríamos que los jueces emitieran el resultado de los 5 primeros lugares.

Estaba de pie frente a aquella mesa con un trozo de papel en blanco sin saber qué hacer y por dónde empezar, me sentía sumamente confundido, lleno de miedo. Me sentía en absoluta desventaja, jamás imaginé que me enfrentaría a un reto tan enorme en aquello que me consideraba sumamente bueno. Sin embargo, hoy me sentía rebasado frente a un tema tan específico y dado que nunca lo había practicado, me parecía sumamente difícil. Supuse en todo momento que la técnica sería libre y que podía usar colores. Jamás imaginé un reto de esas magnitudes frente a mí.

Nunca voy a olvidar cómo me sentí aquella mañana. Quizá no fue lo adecuado, sin embargo, en esos momentos me lamenté de estar ahí. Lentamente coloqué sobre la mesa la bolsa de nylon en la que traía los colores nuevos, los sacapuntas, las gomas y los lápices que recientemente mi papá me había comprado. Recuerdo que tardé mucho en accionar mi mente, me traía al presente las imágenes de aquel día en el que mis compañeros del salón me recomendaron para inscribirme a participar… luego venían a mi mente las imágenes del festejo que hubo aquella mañana que les gané a mis 5 compañeros para estar en este concurso. Recordé también las palabras de mi maestra, que dijo sentirse muy orgullosa de mí por ser su alumno y por ir a representar a la escuela.

Tenía en ese momento un torbellino de pensamientos y emociones, pensaba que hubiese sido mejor incluso no haber ido a la escuela aquel día, en el que el maestro me eligió entre los 6 alumnos que fuimos previamente seleccionados. Cómo deseaba en ese momento que cualquiera de mis otros 5 compañeros estuviese ahí y no yo. Todos estos pensamientos los repetía una y otra vez en mi mente. Por fin, detuve mis pensamientos y dije "no puedo seguir pensando en todo aquello que ya pasó, ahora estoy aquí y tengo que hacer algo", recordé las palabras de mi hermana mayor: "…lo importante es participar, seguro vas a aprender algo y eso va a ser más importante que ganar…" también vinieron a mi mente las palabras de mi madre: "…solo haz lo que sabes hacer y listo, no te angusties…"

Me decidí a tomar el lápiz, me dispuse a hacer algo que nunca antes había hecho, es más, ni siquiera lo había intentado… no sé cuántas veces tracé y borré. Perdí la cuenta, no me salía el trazo, no venían las imágenes precisas a mi mente y no encontraba las proporciones adecuadas. Sentí que no me respondían las manos, y mis líneas no me llevaban a ningún lado. No había orden, me sentía que estaba fuera de contexto y muy nervioso, mi mente no terminaba de aceptar que yo estaba ahí para cumplir un propósito. Sin embargo, borraba una y otra vez, trazaba nuevamente, veía los trazos y no me gustaban. Ahora mis trazos los hacía más a la derecha, luego más a la izquierda, luego más abajo, no, ahora hazlos ligeramente arriba… uff; fueron instantes que se me hicieron eternos, había mucha tensión para mí. Lo único que se me pudo ocurrir en esos momentos de verdadera angustia fue hacer una especie como de perfil de una persona y buscar terminar lo mejor posible por lo menos una parte de aquella figura que había llegado a mi mente y que era la de un rostro de perfil.

Así que, sin perder más tiempo, me enfoqué en el pelo, la oreja y parte de la frente hasta las cejas. Resalté los detalles de sombra y luz para que se viera el efecto de claro y obscuro, sin embargo no logré terminarlo, el tiempo no me alcanzó para detallar lo demás y solo lo había dejado trazado. Terminó el tiempo, nos pidieron dejar sobre las mesas nuestros trabajos y comenzaron a pasar por los pasillos los jueces. La verdad ¡no quería que llegaran a mi lugar! Pero no podía evitarlo, así que cuando llegaron, esperaba lo peor. Al llegar a mi lugar se detuvieron y todos, que eran como un grupo de diez personas, rodearon la mesa en la que yo me encontraba. No pude evitar que las manos me comenzaran a sudar, las piernas me temblaran y mi corazón empezara a latir muy rápido. No alcanzaba a escuchar lo que se decían en voz baja, mientras veían mi trabajo y me veían a mí. Pero por los gestos que hacían, yo me imaginaba que no era nada alentador. Terminaron de observar, uno de ellos se me acercó y me dijo algo que no lo recuerdo bien dado el nerviosismo que me había invadido, pero fue algo más o menos así: "tu trabajo tiene buenas tonalidades de negro y grises, tiene muy buen lejos..." hizo una pausa y me preguntó: "¿Por qué no lo terminaste?" ¡Yo no sabía qué hacer, ni qué contestar! En mi mente tenía la respuesta, quería decirle ¿pues qué no le resulta muy evidente?, ¡no me alcanzó el tiempo, qué más razones habría de tener! ¿Qué no es evidente que no me alcanzó el tiempo? Repasaba esas palabras en mi mente, pero no me salían. En esos momentos no podía ni hablar... creo que se habrían dado cuenta del nerviosismo que tenía en esos instantes, que un segundo juez que estaba muy cerca del que me había hablado primero, se acercó a mi e hizo el siguiente comentario: "en verdad tienes buena técnica y talento... te felicito, pero no podemos decirte en este momento si tomaremos en cuenta tu trabajo ya que está incompleto, de cualquier modo felicidades..." y se retiraron.

De aquella experiencia aprendí muchas cosas. Había recibido una gran enseñanza, a pesar de no haber ganado el concurso. Todos aquellos momentos de presión y angustia que experimenté al verme atrapado ante una situación totalmente desconocida, sin duda significó algo más grandioso para mí. Me di cuenta de que a pesar de estar atrapado en el miedo, logré accionar e improvisar, logré tomar una decisión y atreverme a hacer algo que nunca antes había hecho. Aprendí a enfrentar mis miedos, a trabajar bajo presión, vencí mi nerviosismo y pude entregar algo que en un inicio pensé que sería imposible, esto me fue generando mucha confianza en mí mismo, lo cual me llevaría a atreverme a realizar una hazaña increíble que te narro en el siguiente capítulo.

Recuerdo que al final de aquella competencia me animé a recorrer los pasillos y admirar los trabajos de los demás y vi asombrado técnicas de representación muy avanzadas. Fue una chica la que ganó el concurso, demostró contar una extraordinaria capacidad de plasmar en un dibujo la expresión de un rostro, su trabajo me pareció una verdadera obra de arte, ahí comprendí que siempre va a haber alguien con un mayor desarrollo de las mismas habilidades, y también comprobé que siempre habrá alguien por debajo con menor desarrollo de estas mismas habilidades para el dibujo. Finalmente llegué a la conclusión de que es la práctica la que me llevaría a alcanzar, y seguramente superar, aquellos niveles excepcionales de técnicas de representación y expresiones increíbles.

Comprobé también que mi hermana tenía razón. Sin duda, esta aventura me hizo sentir que al final de cuentas resulté ganador porque recibí mi primera gran lección: a veces se gana otras se aprende.

Con este relato dejo muy evidente la importancia de brindar el apoyo y acompañamiento que nos corresponde como padre o madre de familia. En el capítulo anterior te mencioné que el desarrollo de talentos es el resultado de la suma de las capacidades del chico, más nuestro compromiso de respaldarlo, acompañarlo con mucho amor y apoyo incondicional, sea cual sea el resultado. Una vez que se ha decidido a tomar acción, generalmente éste primer paso es el que cuesta mucho más dar, solo recuerda lo difícil que para mí resultó tomar la decisión de llevar a cabo lo que me gustaba y hacerlo en un contexto totalmente diferente a lo que estaba acostumbrado. Requirió sentirse cien por ciento seguro, para evitar esa angustia y sufrimiento innecesario, que experimenté a la falta de estas recomendaciones tan importantes que te estoy brindando. Busca que en primer lugar él se lo crea y haga suyo ese talento y en seguida, con la suficiente confianza, pueda lograr dar esos pasos.

¿Qué etapa de tu hijo es la que más te ha gustado? Hablemos de los niños de 6 a 10 años. ¿Cuáles serían los pasos a seguir para impulsar los gustos y habilidades de tu hijo? De modo que las disfrute y no sienta presión alguna por hacer lo que ama hacer.

1. Evita compáralo. Cada niño es diferente, tiene distintos intereses y habilidades. Hay niños que desde pequeños muestran una gran habilidad para los deportes, pero no quiere decir que ese mismo niño no disfrute también de la pintura.

2. Escucharlos y observarlos. Es fundamental para ayudarles a potenciar esos talentos, conocer por ellos mismos cuáles son sus intereses, a qué juegos prefieren jugar o dejarles elegir sus actividades extraescolares, te ayudará a conocer mejor los gustos de tus hijos. De la misma manera, podrás ayudarles a potenciar esos talentos de una forma sana y natural.

3. Evita limitar las experiencias de tus hijos. Aunque veas con claridad cuáles son las que más les interesan, para que los niños tengan la posibilidad de exponer sus talentos, necesitan descubrir todas las posibilidades que existen.

4. Experimentos. La ciencia permite a los niños descubrir el funcionamiento de las cosas, cómo están creadas y a trabajar de forma muy intensa su inteligencia y desarrollo cognitivo.

5. Manualidades. Los proyectos manuales aportan numerosas ventajas para el crecimiento de los

niños. Pueden desarrollar toda su creatividad al trabajar en sus habilidades motrices.

6. La naturaleza. La actividad física al aire libre no solo es ventajosa en cuanto a la salud, además permite al niño desarrollar sus habilidades. Practicar distintos deportes en grupo o hacer excursiones por el campo lo ayudará a estar en contacto con la naturaleza y a descubrir sus posibles talentos.

7. Los libros y los cuentos no pueden faltar en la vida de los niños desde muy pequeños. A través de las historias los niños pueden descubrir mundos desconocidos o vivir aventuras imposibles. No te límites a leerles cuentos, una actividad muy interesante para potenciar sus talentos.

"Ten el coraje para seguir tu corazón y tu intuición. De alguna forma ellos saben lo que realmente quieres ser"
-Steve Jobs

TERCERA PARTE

UN NUEVO
RETO
IDENTIFICARME

CAPÍTULO 6

Mi entusiasmo por lograr mi primer reto.

"Cuando aprendiste a caminar, perseverabas en tu empeño una y otra vez. Te caías y te levantabas. Te ibas de bruces y volvías a incorporarte. ¡Al final aprendiste a caminar! ¿Aún posees ese tipo de determinación?"
-Andrew Matthews

Había una idea que no me dejaba ni un momento, era una idea acompañada de una gran emoción que sentí y que recordaba una y otra vez mientras el grupo de jueces recorría los pasillos de las mesas de dibujo. Pude observar cómo varios de ellos quedaban sorprendidos al admirar varios de los trabajos ahí realizados, y también vi cómo hacían elogios a la creatividad de cada uno y luego pude notar también la admiración y la profunda emoción con la cual observaban cada uno de los trabajos exhibidos. Todos los participantes nos sentíamos muy orgullosos del esfuerzo que habíamos realizado, y desde luego que me incluyo, a pesar de haber experimentado todo lo que te narré a detalle en el capítulo anterior. Al final del evento me relajé y en el fondo me sentí satisfecho de aquel esfuerzo, aunque no me sentía conforme.

Quise replicar esas escenas y estuve ideando por varios días, e incluso semanas, cómo podía hacer para volver a vivir esas emociones de admiración y reconocimiento que después comprendí, y me llenaron de mucha satisfacción. Esa idea no me dejaba dormir, me despertaba a media noche, caminaba rumbo a la escuela de ida y de regreso y la idea seguía ahí. Observaba mi casa, la sala o el comedor. Veía los espacios, miraba las paredes y luego salía a la calle y veía la casa de mis vecinos y me quedaba largo rato observando sus puertas. Hacia números en mi cabeza, contaba cuantas personas vivían en cada casa y como no conocía, ni sabía cuántos eran, le preguntaba a mi mamá o a mi papá.

Estás a un paso de conocer lo fundamental que resulta para nuestros hijos que realicemos un acompañamiento verdaderamente cercano, constante y lleno de amor. Involucrarte de manera directa con ellos te va a permitir ser su socio, su aliado, su amigo, en la búsqueda de sus anhelos. Cuando hablen de compartir sus metas, hazlo con mucho entusiasmo, hazle sentir que estás profundamente emocionado como él y ayúdale a diseñar sus planes para lograrlo. Insisto, quizá para muchos de nosotros, los adultos, las cosas tengan un significado derivado de una óptica diferente, la gran mayoría de los adultos hemos ido perdiendo la capacidad de soñar y creer que las cosas son posibles. Sin embargo, yo te puedo decir y asegurar que has olvidado cuando eras un niño cómo creabas tu mundo sin tanto análisis. Constantemente te llenabas de asombro y había un gran entusiasmo por lograr cualquier reto.

Acompáñame en las siguientes líneas y descubre lo grandioso que puede resultar el efecto que tiene atreverse a realizar cualquier hazaña, sin importar el resultado que sea. Aquí lo significativo es que tu hijo sepa cuál es la actitud con la que debe tomar ese resultado y el profundo significado que deja cuando las cosas no resultan como uno las imagina.

Recuerdo que inicie por hacer un registro de cuántas personas podían caber en los cuartos que ocupábamos como sala y comedor, y conté cuántos vecinos teníamos y a cuántos podía invitar, considerando el tamaño de mi casa. Cuando creí que tenía todo considerado, no me atreví a confiar mi idea a mis papás porque pensé que no me iban a entender y no me apoyarían. Incluso recuerdo que pasó por mis pensamientos la imagen de que se iban a reír de mí, así que tomé la decisión de confiar mi gran idea solo a mi hermana mayor, la cual siempre me había apoyado en cualquier cosa y compartíamos todo. No se me olvida la forma en como se lo dije, le hablé de algo grandioso, con profunda emoción le platiqué que tenía una idea genial, fuera de serie: "¡Quiero llevar a cabo una exposición de dibujos aquí en la casa!" le dije. Muy entusiasmado comencé a describirle con detalle cómo me había imaginado aquel gran día. Le platiqué cómo haría las invitaciones, cuántas serian y le propuse en qué casas se repartirían. Le dije incluso la hora en la que se haría aquel gran evento y por supuesto el día. Le señalé por donde entraría la gente, en qué lugar colocaría mis dibujos. — ¿Cuántos…?— ¿Me interrumpió mi hermana preguntándome nuevamente cuántos…? — ¿Cuántos qué? —Le contesté. —Si, dime cuántos dibujos tienes.

Me quedé sin hablar, era verdad, ¡había olvidado lo más importante, los dibujos! Tenía razón, era cierto ¡eso era lo único que no me había considerado! Qué detalle tan insignificante, ¿verdad? De inmediato me vino la respuesta y le dije "¡trabajaré el tiempo que sea necesario para tenerlos lo antes posible, estoy seguro que puedo realizar un número importante de dibujos para ese día!" A partir de ese momento, mi hermana y yo hicimos un pacto de no decir nada a mi hermana menor, ni a ninguno de nuestros padres, hasta tener todo listo. Los dibujos en primer lugar, las invitaciones, acordamos que el día en que se haría el evento sería un día en el cual mis papás no estuvieran en la casa, para actuar con total libertad, así que elegimos el día sábado, ya que ese día mis papás siempre se iban a vender y regresaban muy tarde, por lo tanto nos resultaría perfecto.

A partir de ese día, tanto mi hermana mayor como yo trabajaríamos todos los días. Decidimos que ella se encargaría de las invitaciones para tener todo listo y realizar mi sueño: ¡Montar una gran exposición en mi propia casa! Recibiríamos a los invitados con algunas galletas y agua de sabor en una charola que previamente habíamos elegido de la cocina de mi mamá. Me propuse una meta, no descansar hasta tener todos los dibujos muy bien terminados para exhibirlos. Hablábamos mi hermana y yo de por lo menos unos 30 dibujos, ese era un número muy importante, pero nada me importaba, nada ni nadie impediría llevar a cabo éste propósito. Así que me puse a trabajar todos los días. Prácticamente no descansaba, ocupaba los ratos que generalmente tenía libres, ahora ya no los utilizaba para jugar o para ver la televisión, ahora estaba ocupado en dibujar. Recuerdo que me dormía muy tarde, y en la escuela a la hora del recreo ocupaba esos minutos para avanzar con mis dibujos. En cierta ocasión mi mamá fue por mí a la mesa del comedor para llevarme a mi cama, ya que me había quedado dormido mientras estaba dibujando y coloreando en la mesa. Estaba muy cansado. A pesar de que no eran dibujos grandes, si me resultaba muy laborioso realizar por lo menos tres al día. Jamás había dibujado tan a prisa y todos los días durante más de 10 días continuos.

Recuerdo que los últimos días, ya para terminar los últimos trabajos, durante las clases en la escuela se me cerraban los ojos de cansancio. Por más que quería evitarlo no podía, el cansancio me vencía y el sueño me dominaba; y lo mismo pasaba en mi casa. Un día mi papá se dio cuenta de que algo en mí no estaba bien y es que me veía muy cansado y con mucho sueño. Me llamó y me preguntó qué me estaba pasado, por qué me veía todo el tiempo dibujando y lo hacía con mucha prisa. Lo único que se me ocurrió contestarle fue: "…unos amigos de la escuela me han encargado algunos dibujos y me pagaran por ellos…" Al escucharme noté que sí me creyó porque ya no me dijo nada y solo me recomendó: "Me parece bien, solo asegúrate que te los paguen para que valga la pena todo el esfuerzo que estás haciendo…"

Por fin llegó la fecha, era viernes y a sugerencia de mi hermana decidimos entregar invitaciones a muchos compañeros del salón de ella y del mío. Lo que queríamos era que fuera mucha gente y admirara mis trabajos. Ese día, después de cambiarnos el uniforme, mi hermana y yo decidimos por fin decirle a mi hermana menor el plan que teníamos con la condición de que no dijera nada a nuestros papás. La condicionamos a que solo tenía que guardar silencio y no decir nada, además tenía que negarse a ir con nuestros papás a vender y de esta manera nos podía ayudar a organizar todo antes de que la gente comenzara a llegar a la casa. De manera muy discreta entregamos las últimas invitaciones en cada casa que habíamos decidido invitar y ya por la noche tuvimos una reunión secreta mis hermanas y yo, para revisar detalles y asegurarnos de que el plan estuviera en marcha y todo en orden. Antes de irnos a dormir revisamos todo, hicimos un recuento para que nada fallara el día siguiente.

Aquella noche no dormí. Acariciaba mi sueño, mi imaginación volaba, me venían las imágenes, me veía en medio de la gente. Imaginaba a la gente que me veían con gran admiración, podía ver como todos me felicitaban, sorprendidos de mi habilidad y el talento por el dibujo. Tuve que salir de mi cama ya que no podía dormir, fui hasta el lugar donde estaban mis dibujos, los veía una y otra vez, los tocaba, los contaba y no sé porque los multiplicaba por tres en mi mente y así me daba una idea del número de invitados que por lo menos iban a llegar al otro día a mi casa. Mientras mi mente seguía creando, imaginaba como mis hermanas les ofrecían a nuestros invitados galletas y agua de sabor que habíamos preparado horas antes. En mi imaginación todo salía perfecto, ese día mis papás llegarían muy tarde como era costumbre cada vez que se iban a vender, los esperaríamos despiertos y muy entusiastas les daríamos la noticia de nuestra hazaña. ¡Les contaríamos todos los detalles de nuestro éxito! ¡Celebrarían con nosotros al saber la noticia! ¡Me felicitarían y ambos, mis papás y mis hermanas, estarían muy orgullosos de mí! Me fui a dormir ya muy tarde, pero a pesar de estar cansado te puedo asegurar que, aun dormido seguía soñando y gozando esas hermosas escenas.

Pronto amaneció y me desperté porque mi mamá insistía en llevarse a mi hermana menor con ellos, por lo que mi hermana mayor y yo intervenimos para que no se la llevaran. Les pedimos que los tres nos quedáramos en casa. La verdad insistimos mucho en convencerla, pero lo logramos, mi mamá accedió a que se quedara con nosotros. Estábamos felices, el primer obstáculo lo habíamos superado. Inmediatamente se fueron mis papás nos pusimos a trabajar, limpiar y acomodar los muebles de cierta manera que la gente pudiera circular sin problema. Al término de esta labor y mientras mis hermanas iban a comprar las galletas, azúcar y vasos, yo colocaría mis dibujos sobre la pared, pegándolos cuidadosamente para evitar mancharlos, dañarlos o romperlos.

Me recuerdo muy feliz con mis dibujos. Uno a uno los fui colocando, como piezas de porcelana, con gran delicadeza y extrema precaución. Revise una y otra vez que no estuvieran torcidos, o muy juntos, o muy lejos. Me tomé muchos minutos para dejar lista y colocada mi gran galería. ¡Mis sueños y deseos se estaban convirtiendo en realidad! ¡Vibraba de felicidad! porque faltaban poquitos minutos para ver cumplido mi gran anhelo. ¡Aquello que deseaba fervientemente, que había concebido como una idea y que fui creando y perfeccionando por varios días, estaba a tan poquito tiempo de lograrlo! Me decía a mí mismo "¿No te parece que es fantástico?". ¡Me sentía un genio del arte! ¡Claro que sí -me repetía- todo esto resultará genial! ¡Estaba súper emocionado!

Mientras terminaba de colocar mis dibujos, ¡la emoción crecía y crecía dentro de mí! La respiración se me aceleraba, mis manos comenzaban a sudar, no por miedo sino de felicidad. ¡Estaba muy cerca de conseguir lo que tanto deseaba! ¡Aquello que preparé con mucha pasión, con tanto esfuerzo y que había disfrutado mucho en todo el proceso, estaba llegado a mí, se estaba manifestando de manera increíble! Había llegado hasta este día con la extraordinaria ayuda de mis hermanas. Pero para que esa hazaña se cumpliera tal cual la había concebido e imaginado con tanto entusiasmo, hacía falta algo necesario para que ese instante se convirtiera en algo perfecto y mágico y ¡ese algo era la gente, los invitados! Así que tanto mis hermanas como yo nos apresuramos a cambiarnos de ropa, de zapatos y a arreglarnos para recibir a las personas de la mejor manera posible, y apenas teníamos el tiempo justo para lograrlo.

El primero en estar listo fui yo. Inicié el recorrido desde la calle, ingresé actuando como si fuera un adulto invitado al gran evento, caminé despacio, crucé el patio y entré al recinto que lucía súper espectacular. Paso a paso, de manera muy lenta fui recorriendo y observando con mucho detenimiento cada una de las obras de aquella excepcional galería. En algunas obras, me detenía varios segundos a observarlas con mucha curiosidad. Hacía algunos comentarios y continuaba paso a paso hasta llegar al final, hasta donde se encontraba la última creación. Ahí estaría mi hermana mayor ofreciendo el agua, y mi hermana menor las galletas. Tomaba unos minutos, hacía algunos últimos comentarios, felicitaba al artista y me despedía saliendo del lugar. ¡Habré hecho este recorrido unas siete veces!

Pasaban los minutos y al poco tiempo mis hermanas se acercaron a mí para decirme ¡Yo creo que ya no tardan! y nos dispusimos a tomar asiento para esperarlos. ¡Yo estaba impaciente! Mientras mis hermanas continuaban sentadas, yo salía a la calle y miraba como algunas personas pasaban, como todos los días, pero no lograba ver a nadie de los que habíamos invitado. Vi pasar algunos compañeros de la escuela, vecinos y conocidos, pero nadie llegaba. Me fui a sentar junto a mis hermanas, pasaron unos minutos y nuevamente salí a la calle, noté que el movimiento seguía igual, entré nuevamente a mi casa, hice otra vez el recorrido de nuevo en tres ocasiones... Para este momento ya habrían pasado quizá un par de horas, desde que teníamos considerado que llegaría la gente invitada. Veía a mis hermanas y su cara empezaba a llenarse de seriedad, o quizá de tristeza. Yo creo que la mía estaría igual, o seguramente más triste que la de ellas.

¡Esperamos todavía una hora más! y finalmente nos dimos cuenta que nadie había tomado en serio la invitación. ¡Los adultos no nos creyeron! Seguramente pensaron que se trataba de una broma y por eso nadie llegó. Mis hermanas, la mayor sobre todo, trataban de justificar todo lo que habíamos hecho, e insistían en darme ánimos. Yo sin decir nada, estaba con la cabeza hacia abajo... mi mente estaba invadida de pensamientos y muchísimas preguntas, sin que encontrara las respuestas que necesitaba en ese preciso momento... hubo un largo, muy largo espacio de silencio absoluto. Nadie más dijo nada, ¡ahí estábamos solos los tres! ¿Te imaginas la escena...? Teníamos nuestras miradas hacia el suelo, con seriedad, confundidos, tristes, decepcionados por los adultos, por nuestros compañeros que tampoco llegaron.

Pasaron unos minutos más y de pronto se me ocurrió algo, les dije a mis hermanas ¡vamos a olvidar esto, vamos a dejar la tristeza y a disfrutar lo que tenemos! Recuerdo que les dije "miren, fue fantástico todo lo que hicimos nosotros mismos, ¿qué tal si jugamos e imaginamos que yo soy un gran artista muy famoso y ustedes, unas señoras muy importantes que me vienen a visitar de muy lejos y yo las recibo en mi mansión…?" La sonrisa regresó a los rostros de mis hermanas y con mucho ánimo accedieron a jugar el juego que les había propuesto. ¡Fue una tarde increíble, los tres nos divertimos muchísimo! Teníamos todo para crear algo súper divertido: ¡Una maravillosa exposición, ropa elegante, muebles muy finos, excelentes vinos y bebidas, así como exquisitos bocadillos…! Recuerdo que nos dolía el estómago de tanto reír una y otra vez al imitar al artista y las señoras elegantes y extranjeras que visitaban a ese personaje tan famoso por sus obras. Mi sueño se había realizado, ahí estaba frente a personalidades importantes, muy reconocido, aplaudido y admirado por sus grandes obras. ¡Jamás olvidé aquella tarde, fue única!

Como te habrás dado cuenta, es de suma relevancia poner especial atención en las actividades que realizan nuestros hijos y no dejar de compartir con ellos su emoción por lo que realizan. A la falta de comunicación, se genera una lejanía. Como padres, es importante conocer qué es lo que los mueve, qué los hace salir presurosos del colegio, comer y cambiarse con todo el ánimo en el carro para ir a entrenar, o levantarse más temprano de lo habitual o por el contrario dormirse más tarde haciendo algo que quizá desconoces, solo por ponerte algunos ejemplos; nuestra misión es contribuir a conectar a nuestros hijos con su mayor potencial.

Mi recomendación: realiza esta reflexión a partir de estas preguntas: ¿Tú qué hubieses hecho al descubrir esa gran idea de montar una exposición e invitar a tus vecinos a admirar las obras de tu hijo? Como papá, ¿cuál sería tu reacción si vives el fracaso que te narré y cómo cambiarías esas emociones? ¿Estás completamente seguro de que tus hijos te compartirían esos proyectos personales? ¿Qué te hace pensar que ellos sienten tu respaldo y confianza absoluta?

"Los sueños de los grandes soñadores jamás llegan a cumplirse, siempre son superados"
-Alfred Lord Whitehead

CAPÍTULO 7

Cierre de un ciclo de sueños, anhelos y aspiraciones.

"La única cosa que se interpone entre un hombre y lo que quiere en la vida, es a menudo la voluntad de intentarlo y la fe de que es posible conseguirlo"
-Richard M. DeVos

Termino la primaria y con ello se cerró un ciclo. Una época quedaba atrás y una nueva etapa de cambio se aproximaba. Mayores retos, más experiencias y más aprendizajes vendrían. Aquí se quedaban los primeros amigos que conocí y con los que conviví durante estos 6 fabulosos años en la escuela primaria. Salí de la primaria con excelentes calificaciones, había logrado obtener una beca, y por mi desempeño siempre fui reconocido. Fui un alumno de excelencia, que se adaptó muy rápido al cambio y al desapego de sus papás y que enfrentó retos muy grandes a su nivel; los cuales, me fueron enseñando a confiar y a creer en mí. En esta etapa aprendí por primera vez que podía imaginar y crear algo, que puedes ver la realidad con la actitud que te permita disfrutar y ser feliz. Aprendí a confiar en mí, sabía que practicando podía llegar a materializar las cosas a partir de un pensamiento y un gran deseo, siempre y cuando estuviera decidido a hacerlo.

Con la secundaria llegó un nuevo ambiente, y nuevas oportunidades; atrás se habían quedado casi todos mis compañeros de la primaria. La mayoría dejó de estudiar, algunos, supe después, fue por la situación económica de sus papás, ya que era muy escasa, más que la de mis papás. Otros, solo unos cuantos, ya no los seguí viendo debido a que sus papás decidieron que se irían a estudiar a otra secundaria en otro pueblo; se sabía que muchos de los padres de familia no confiaban en el nivel de efectividad de una escuela secundaria de reciente creación y por eso no había muchos alumnos en aquel entonces. Éramos menos de la mitad de alumnos de los que había en la primaria, en donde mi hermana menor estudiaba el tercer año.

La secundaria era una escuela muy chiquita. Mientras yo ingresaba a primer año, mi hermana mayor cursaba el tercer año. Yo continúe en esa escuela, quizá por ser la única opción que mis padres tenían para mí y para mis hermanas. Realmente no lo sé, lo que sí sé es que yo estaba muy a gusto estudiando. En ningún momento pensé en dejar de estudiar. Pronto me encontré con nuevos amigos, nuevos compañeros, yo traía la inercia de los 6 años de la primaria. Recuerdo que mis libretas y libros estaban decorados y forrados con imágenes de dibujos animados que yo mismo había dibujado y coloreado, la escuela era tan pequeña que solo había dos maestros y un director.

Recuerdo que el primer año, en varias ocasiones me acercaba a la presa de agua que existía muy cerquita de la secundaria, me gustaba hacerlo porque recordaba muy frecuentemente cuando era pequeño e iba a ese lugar, muchas veces con mi papá y otras iba solo. Recuerdo que me gustaba sentarme cerca de la orilla a observar el agua muy tranquila. De repente arrojaba pequeñas piedras e imaginaba aquellos años, cuando por las tardes venía a pescar. ¡Sí, amaba venir a pescar siempre por las tardes!, me relajaba mucho, disfrutaba observar la tranquilidad y el silencio, a veces solo, otras veces con mis hermanas. Recordaba cómo nos divertíamos atrapando insectos, correteando ranas, sujetando los peces recién salidos del agua. Pero de esta fabulosa experiencia te platicaré más ampliamente en otra edición de mi historia, la cual te anticipo, estará muy divertida.

Extraordinarios recuerdos me trae aquel camino que ya no existe. Disfrutaba mucho ir de mi casa a la secundaria, simplemente me encantaba, me gustaba mucho más éste camino que el que recorría de mi casa a la primaria. En este nuevo trayecto caminaba casi la misma distancia, que era como un kilómetro, pero a diferencia del anterior, en este había muchos árboles. Cruzábamos el rio, bajábamos por la orilla hasta llegar al espejo de agua de un rio, que en esa época empezaba a secarse y a contaminarse severamente. Adoraba el trayecto que realizaba a diario, cada vez que lo cruzaba no podía evitar recordar que pocos años atrás me había divertido muchísimo en ese rio que hoy estaba agonizando por el descuido de todos. Por un lado, la negligencia de las autoridades y por la otra la falta de valores de todos nosotros hacia a la naturaleza. Las extraordinarias historias que viví en ese hermoso río te las contaré también en otra publicación.

En el primer año de la escuela secundaria realicé mis primeros trabajos ya con una habilidad perfeccionada, madurada y con otra perspectiva totalmente diferente. Sin duda también había evolucionado mi habilidad, desde aquellos dibujos que realizaba en la primaria. Me gustaba sentarme por las tardes, después de regresar de la escuela y una vez realizadas mis labores de la casa y de ayudar a mi mamá con "algunos mandados", me ponía a dibujar con mucho entusiasmo, ¡ya sin pensar al corto y mediano plazo en montar otra exposición!

Te comparto con mucho orgullo que cuando tenía 12 años de edad terminé una réplica de la obra del genio y maestro Leonardo da Vinci: "La Ultima Cena". En esta obra, utilice acuarelas y lápices de colores, en donde por primera vez dibujé sobre un papel rígido llamado "papel cascaron", que era en aquel entonces el único papel rígido que se conocía en el pueblo y el que se podía encontrar en las dos únicas papelerías que eran las "más grandes" que existían. Dicho papel no era el adecuado para este tipo de trabajo, ya que tenía muchas oquedades y no se lograba la uniformidad deseada, sin embargo, era lo que había en ese momento y en esos años.

El segundo trabajo fue una extraordinaria representación del "Bautizo de Cristo" hecho a lápiz. ¡Sí, con el lápiz que usaba en la escuela! En ese momento no conocía que existían diferentes tipos de lápices con diferentes graduaciones según el efecto que se quería lograr con el grafito, y para variar, también fue en aquel "papel cascaron" que había en las papelerías. ¡Uff! Pero eso no me impidió de ningún modo que la obra fuera simplemente magnifica y única. Logré terminar ambas obras en seis meses. Al concluirlas, me di cuenta del estupendo cambio en mis habilidades, que también se iban trasformando al igual que yo. ¡Mis habilidades sin duda habían mejorado significativamente! Atrás habían quedado aquellos dibujos improvisados de la escuela primaria; estos simplemente eran totalmente diferentes. Aún los conservo y estarán siendo exhibidos muy pronto en una serie de exposiciones, ahora sí, en diversas escuelas. Estas y otras acciones forman parte de mi propósito de vida, el cual te explicaré de manera detallada en el capítulo 9.

Dada la situación económica de mis padres, estas dos extraordinarias obras no las pude enmarcar en esos años y permanecieron así. Durante muchos años los estuve guardando y llevando de un lugar a otro sin ninguna protección; por fortuna para mí, no se me maltrataron tanto. Hoy en día, 33 años después, los conservo. Ambas obras debidamente enmarcadas y colocadas en la sala de mi casa. Estas obras tienen para mí un valor incalculable; representan muchas cosas, están llenas de emociones, sueños, anhelos. Verlos me genera muchas sensaciones, me hacen recordar muchas experiencias que viví en aquellos años de mi vida.

Aquella época en la que vivía al lado de mis padres, aquellas tardes en las que me ponía a dibujar junto a la ventana de mi cuarto y de repente me distraía al ver pasar a las personas por la calle. Me recuerdan incluso hasta la música que escuchaba de mis vecinos. A pesar de que ya no existe, no olvido la casa en la que nací y crecí, su patio, su jardín en donde mi papá me había construido un pequeño estanque para mis peces, las flores de mi mamá que tanto le gustaban, el pequeño taller de huaraches que tenía mi papá y en donde le ayudada regularmente al regresar de la escuela. Tantos y tantos recuerdos de mis hermanas, de nuestros juegos, de las tardes de caricaturas. Cuando por las noches nos sentábamos todos a ver la televisión, generalmente por la noche... créeme recordar y escribirlo me llena de nostalgia. Hoy cada vez que las veo, me generan aquellos mismos sentimientos que se quedaron impregnados en cada trazo. Realmente no sé cómo sobrevivieron tantos años sin perderse o dañarse permanentemente, lo cual me parece simplemente increíble.

Pues decidí concluir aquello y fue el cierre de un ciclo de sueños, anhelos y aspiraciones. Decidí no dibujar más y cerrar por un largo, muy largo periodo mi estudio de dibujo y diseño. Estaba entrando a la adolescencia y mis intereses, mi atención y mi energía se estaban enfocando en otras cosas, otras emociones. Ya no sentía mucha atracción por encerrarme horas y horas por las tardes a dibujar, a crear, a echar a volar mi imaginación. Ahora sentía mucha atracción por la música, las revistas.

Creo que lo único que no dejó de llamar mi atención fueron dibujos animados en la televisión, siempre me gustaron mucho. Mis juguetes los dejé de ver interesantes, ya no me resultaban atractivos y ahora estaba muy pendiente de cómo me veía. Ahora quería salir en las tardes a platicar con mis amigos. Mis intereses, mi pensamiento y mis hábitos iban cambiando y mi cuerpo también. Quizá lo único que no cambió fue mi gran interés por estudiar, por sacar buenas calificaciones y ser el mejor. Mi hermana mayor había salido ya de la secundaria, solo habíamos coincidido un año. Así que cuando yo pasé al segundo año, ella salió de la escuela para irse a un bachiller en otra población, ya que en el pueblo solo se podía estudiar hasta la secundaria y continuar estudiando nos obligaba a salir y viajar y así lo hacia mi hermana.

Comencé a tomar el hábito de solicitar la dirección de los programas cívicos y festivales culturales de la escuela, me gustaba tomar el micrófono y dirigir. Recuerdo que en más de una ocasión participé en el programa cívico del festejo del 15 de septiembre que realizaban por la noche las escuelas primaria, secundaria y el jardín de niños del pueblo, que se reúne hasta hoy en día frente a las instalaciones del ayuntamiento. Esto era previo al grito de independencia, que daba el presidente municipal minutos más tarde, es decir, esto ocurría en la noche y al otro día se llevaba a cabo el desfile conmemorativo de la independencia nacional de mi país: México.

Pero algo me atraía, algo me llamaba. Sentía como si algo estuviera reservado para mí, solo que no sabía que era lo que sentía en esos momentos. Sin duda experimentaba una energía poderosa que me atraía a esas instalaciones y yo creo que por ello me gustaba participar y deambular por las oficinas de la presidencia municipal, ya que en esas fechas las puertas se abrían totalmente la noche del 15 y el día 16 de septiembre, antes y durante el desfile conmemorativo. Pero estas sensaciones serán descritas en detalle en una próxima publicación, ya que es muy amplia la serie de narraciones que obedecen a una serie se experiencias y grandes aprendizajes que viví años después.

Continuando por mi paso por la escuela secundaria, debo decirte que estuvo marcado por el esfuerzo y el compromiso conmigo mismo y hacia mis padres. Logré honrar la confianza y sacrificio que hicieron para que yo pudiera estudiar, así que también aquí obtuve diversos reconocimientos. Muchos fueron públicos, de mis maestros hacia mi desempeño académico. Logré una beca de aprovechamiento por mis resultados y mis altas calificaciones. Era un referente de esfuerzo y aprovechamiento en el plantel.

Me sentía muy orgulloso de mis logros. Los tres años en la secundaria pasaron muy rápido para mí, no sentí el tiempo que trascurrió, la secundaria se me fue en un abrir y cerrar de ojos.

Así pues, el tiempo en la escuela secundaria se estaba terminando, faltaban solo unos meses para el fin de cursos y pronto viviría una experiencia única, fantástica y quizá para mí y mi mamá muy dolorosa, algo que me marcó de por vida. Sin duda una de las experiencias con mayor sensibilidad y aprendizaje que me permitió generar mucha mayor confianza y crecimiento personal.

Lo que estaba por vivir marcaría un antes y un después en mi camino como adolescente. Esta magnífica historia también será parte de una próxima entrega, por lo amplio de la serie de experiencias y todo lo que vino a modificar en mi vida para siempre. A partir de esto, jamás volví a ser el mismo. Jamás volví a ver la vida de igual manera. Después de experimentar diversas situaciones durante un año completo, en definitiva esta fantástica aventura estuvo llena de enseñanzas y entre lágrimas de dolor, satisfacción y felicidad logré encontrar un sentido y un gran significado para mi contexto y mi forma de ver la vida a partir de entonces. La confianza que reafirmé en mí mismo, me abrió las puertas para saber de lo que podía ser capaz de lograr. Tomar la decisión no fue fácil, esta fue mi primera gran decisión desde mi conciencia y fue sin duda una de las más complicadas que experimente, pero mantenerme firme en esa decisión resultó ser uno de mis mayores retos.

Nuestra situación económica como familia siempre estuvo marcada por la escasez de recursos. Era el único varón y acababa de nacer una tercera hermana. Desde que yo recuerdo, siempre había solo lo necesario en la casa y aunque nunca faltó la comida y lo indispensable para nosotros, lo cierto es que yo me daba cuenta como trabajaban mis papás hasta altas horas de la noche en un pequeño taller familiar, en donde se fabricaban huaraches para hombres. Me daba cuenta que a base de mucho esfuerzo de mis papás, lograban darnos a mí y a mis hermanas lo que necesitábamos. Yo recuerdo que todas las tardes después de la escuela, llegaba a ayudarlos en ese trabajo y la verdad me gustaba mucho fabricar los huaraches en el taller de mi papá. Recuerdo que algunas veces acompañé a mis papás a venderlos a los mercados de la ciudad de Puebla. Mi papá siempre se levantaba muy temprano para trabajar y era el último en irse a dormir. Por su parte, mi mamá, además de ayudarlo, tenía siempre lista la comida y la ropa de todos. Las salidas al campo habían quedado atrás, ya no teníamos animales y el taller nos mantenía muy ocupados.

Algo que siempre tuve presente fue soñar e imaginar mi vida en otra dimensión, en otro contexto. No sabía cómo, pero siempre existió en mí el deseo ardiente de salir de mi pueblo, irme a estudiar a la ciudad y me imaginaba regresar con otra visión, con otra formación y desde luego con otra perspectiva de las cosas y de la propia vida. Con otras herramientas muy distintas para cambiar mi entorno, anhelaba una vida distinta. Aunque amaba mi pueblo, el campo y mi familia, no quería estar ahí viviendo de esa manera siempre, con limitaciones y sin poder acceder a mejores oportunidades.

Algo que me hacía volar con mis pensamientos e imaginar mi futuro, era cuando mi papá me llevaba a la ciudad, lo cual sucedía muy a menudo, generalmente los fines de semana. Me gustaba mucho ir a la ciudad, tenía algo que me atraía, quería vivir ahí, trabajar ahí, ser alguien, lograr algo y regresar a mi pueblo a servir, a ayudar, a disfrutar los caminos, el campo, ver las siembras, comer en el campo, tener un perro, mojarme con la lluvia, disfrutar el sol, el viento fresco, el olor a tierra mojada, tomar un jarro de café, de té o un vaso de leche en compañía de mi familia y platicar largas horas, leer un libro por las tardes o ver la televisión, escuchar música, reunirme con mis amigos y familiares en mi casa y convivir con ellos.

En fin, creía en todo esto porque así me lo habían dicho mis papás, maestros y familiares cercanos, que todos estos anhelos no iban a ser posibles si no estudiaba, si no me preparaba y lograba contar con un título universitario. Así que no tenía elección, y realmente ni mis papás, y mucho menos yo, conocíamos algún otro camino. No había más opciones si quería llegar a donde quería estar hasta ese momento. Tenía que esforzarme mucho, el camino que me esperaba era muy largo, complicado y difícil, pero no me importaba ya que estaba decidido a enfrentar cualquier cosa para convertirme en un profesional exitoso.

Seguramente mis papás veían en mí esta decisión y determinación de prepararme y ser alguien. Ambos me decían: ¡Se alguien en la vida! Muchas veces mi papá me repitió hasta el cansancio que saliera, que estudiara, que no terminara como él. Siempre me dijo que no quería verme arreando animales, de peón en el campo, en un taller de huaraches, o de albañil o de carnicero. Estas fueron solo algunas de las actividades que mi papá realizó para sacarnos adelante. Recuerdo que me gustaba mucho ir con él a ayudarlo a realizar cualquiera de estas actividades, así que aprendí un poco de cada una. Siempre me recordaba que todas estas actividades u oficios que él sabía hacer muy bien le habían costado mucho aprenderlas, y también me decía que si él hubiera tenido la oportunidad de estudiar, sin duda habría tomado esa oportunidad, y solo así no se habría dedicado durante toda su vida a esto que hacía.

Ayudarlo en los diversos trabajos que tuvo me hizo conocer lo rudo y mal pagado que es este tipo de actividades, ya que, desde muy pequeño recuerdo que me llevaba a ayudarle, o bien, cuando regresaba de la escuela. Él, mi papá, nunca se quejó de hacer todos estos trabajos, pero siempre me recomendó que los conociera bien para que supiera lo pesado que resultaban, y siempre que tenía oportunidad me decía que quería verme convertido en otra persona, viviendo de otra manera, teniendo otra posición muy diferente a la que él tuvo, viviendo en otras circunstancias muy distintas y mucho mejores.

Ahora que acabas de leer este capítulo la pregunta es: ¿Cómo ayudo a mi hijo para crear una visión mayor cuando el pequeño entra a la secundaria? ¿Cómo vincular sus habilidades y sueños con un propósito respecto a su vida futura?

Primero te recomiendo como padre o madre de adolescentes que:

1. Fomentes que sientan que son capaces de manejar una mayor responsabilidad, lo cual les ayudará a madurar. A esta edad las decisiones son muy importantes. Fomentar a un hijo para ser capaz de ser independiente y tomar decisiones, le serán de gran ayuda en el futuro.

2. El trabajo es una necesidad decisiva para los seres humanos, es un factor clave en la formación de valores, aporta disciplina, organización, sentido de pertenencia, amor al trabajo, querer lo que hace y hacer lo que quiere. Esta es una herramienta extraordinaria. Desde niño, el trabajo es un educador, pues puede motivar, y desde luego promover voca-

ciones, formar una actitud de sentirse útil, ser solidario. Encárgale tareas sencillas.

Según algunos estudios, el éxito profesional de una persona es un 20% debido a la inteligencia intelectual y un 80% a la capacidad de gestionar sus emociones. La inteligencia emocional es imprescindible para el bienestar y desarrollo sano de las personas, en especial de niños y adolescentes. Por lo tanto, como padre o madre debemos trabajar las emociones en niños lo más pronto posible y desarrollar el control de estas a medida que crecen y se convierten en adolescentes. Experimentar emociones es natural, no es algo ni malo ni bueno, pero nuestras emociones suelen tomar el control. La educación emocional permite desarrollar habilidades para la gestión emocional y de este modo controlarse uno mismo, antes de que sean las emociones las que nos controlen. No siempre es fácil identificar lo que sentimos. Muchas emociones se mezclan, otras veces tendemos a ocultarlas y no nos percatamos de lo que realmente estamos sintiendo, aunque esa emoción nos esté controlando.

Enseñamos a los niños y niñas a pensar y a actuar, a decidir, pero nos olvidamos de enseñarles a sentir, si no les enseñamos a sentir, esas emociones afectarán sus pensamientos, actos, y decisiones.

Segundo, presta atención a las emociones de niños y niñas adolescentes.

1. Identificación de las emociones. Conoce cómo son esas emociones ¿Qué estoy sintiendo?

2. Reflexiona sobre los estados de ánimo. Conoce el pensamiento desencadenante de la emoción ¿Qué estoy pensando?

3. Tomar conciencia sobre la manera de expresar esas emociones. Ser consciente de las conductas ¿Qué estoy haciendo?

Recuerda, nuestro objetivo como papá o mamá es aprender estrategias y recursos que ayuden a los niños y niñas a manejar sus estados emocionales, lo cual, como hemos visto, es fundamental para generar confianza, toma de decisiones, claridad de pensamiento y desarrollo de habilidades. Existen personas que tienen clarísimo cuáles son sus talentos desde que son niños o adolescentes. Sin embargo, son una minoría, la gran mayoría todavía no tenemos madurez suficiente a esa edad. Por lo tanto, es imprescindible manejar estas emociones como la llave para su bienestar y para su éxito.

"Cada uno es responsable de lo que le sucede y tiene el poder de decidir lo que quiere ser. Lo que eres hoy es el resultado de tus decisiones y elecciones en el pasado. Lo que seas mañana será consecuencia de tus actos de hoy"
-Swami Vivekananda

CAPÍTULO 8

Identificando talentos.

Ser padre o madre no es un trabajo fácil, y no es de extrañar que no siempre alcancemos el éxito esperado. Todos traemos una buena cantidad de equipaje a la empresa de ser madres y padres responsables: la forma en que experimentamos nuestra propia crianza, el modo en que manejamos nuestras emociones y expresamos nuestros sentimientos, la forma de comunicar y, por supuesto, lo cómodos o incómodos que estamos en nuestro propio mundo. Todo ese equipaje, esas mochilas que contienen nuestra historia y nuestra experiencia personal, se unen en cierto momento a nuestra responsabilidad como padres y madres, y es ahí donde comienza el acto consciente de la paternidad.

A medida que el niño crece y se desarrolla, un buen padre hace ajustes en el camino. Lo que funciona con un niño no funcionará necesariamente con otro, por lo que adaptarse al menor y a su edad es la clave.

Imagínate que tu hijo, en un futuro no muy lejano mire hacia atrás y recuerde cómo él y tú lograron, haciendo equipo, identificar sus talentos, y recuerde toda la vida como le ayudaste a cambiar la forma de ver el mundo y desarrollar esas habilidades que ahora tiene y que aplica en su vida diaria. Imagínate la enorme satisfacción que sentirás al escuchar a tu hijo decirte que gracias a ti, él se inspiró para ser mejor persona y se convirtió en lo que es hoy; porque tuviste la capacidad de darle todas las herramientas, las experiencias, los conocimientos que necesitó.

Sin duda esta es la misión más importante que todos los padres tenemos, lograrlo requiere comprender plenamente los sentimientos y las emociones que nuestros hijos van experimentando, y que para el objeto de este libro nos enfocaremos en la etapa de la niñez y la pre-adolescencia. Con frecuencia olvidamos esas emociones que nosotros mismos experimentamos a esa edad y que fue a partir de esas emociones como fuimos aprendiendo. No me cabe la menor duda de que todos nosotros como padres, deseamos fervientemente lo mejor para ellos, y no me voy a meter en el terreno de lo que consideramos como bueno o malo. Sin embargo, desde mi punto de vista, las emociones son agradables y positivas, esto nos indica el camino a seguir, la satisfacción de vivir cómo quiero hacerlo, y también muestra los anhelos, los deseos, las ilusiones y los proyectos que nos gustaría alcanzar.

Lo que sí quiero dejar muy claro es que nuestra responsabilidad como padres no es del gobierno, no es de los políticos, no es los colegios o de los profesores, ni de ninguna organización o de las empresas, incluso tampoco de la religión, sea cual sea la que profeses. Es total y absolutamente nuestra responsabilidad, de manera directa, educarlos no para que se limiten a sobrevivir sino para que progresen. Quizá en estricto sentido, solo los profesores, de manera indirecta, pueden influir de cierta manera en la vida de nuestros hijos.

Te voy a contar una pequeña historia desde dos ángulos diferentes, para exponer un poco más hacia ese contexto que tenemos en nuestras manos, la absoluta responsabilidad de criar hijos con amor, con aprobación, con respeto, con dignidad. Seamos conscientes de esa responsabilidad, reconozcamos y aceptemos que es nuestra de nadie más:

Te voy a pedir que imagines a una niña: María tiene 6 añitos y sus papás son muy duros con ella, su maestra en la escuela también. Resulta que cuando María presenta un examen saca 6 de calificación. Sin embargo, sucede algo curioso, solo ella contesta una pregunta que nadie más pudo contestar… al llegar a su casa sus padres la reprenden y la regañan de una manera muy fuerte e incluso la castigan; María se siente humillada, se siente rechazada, abandonada… te hago una pregunta: ¿Cuál crees que será el futuro de María?

Ahora imagina a la misma niña: María, la diferencia es que sus papás son muy amorosos y comprensivos con ella. De igual manera la maestra que tiene en el colegio es una maestra amable y cariñosa. Realiza el mismo examen y saca 6 de calificación, la maestra al ver el resultado de esa pregunta que solo ella contestó la llama y le dice, sin poner atención en la calificación, sino en la respuesta que solo ella pudo contestar y que además lo hizo de una forma genial: "Estoy orgullosa de que seas mi alumna María..." más tarde al llegar a casa María les platica como le fue en el examen y lo que la maestra le dijo, sus papás la felicitan y le preguntan con asombro como fue que contestó de manera estupenda aquella pregunta que solo ella pudo responder... sus papás le manifiestan su amor y cariño... te hago la misma pregunta: ¿Cuál crees que será el futuro de María?

Entonces, ¿asumes la responsabilidad? En definitiva, estoy totalmente de acuerdo que la crianza de los hijos es un comportamiento que se va aprendiendo, y es por tanto muy razonable pensar que cualquiera de nosotros, con el debido interés y dedicación, puede aprender de sus errores y mejorar en esta difícil tarea de convertirse en una madre o en un padre responsable.

Hoy los niños comienzan a entusiasmarse muy jóvenes por la oportunidad que tienen de acceder a la información de manera casi instantánea, en tiempo real. En los últimos 50 años hemos vivido bombardeados por los medios de comunicación, antes por la televisión en mayor porcentaje y hoy por hoy internet y la tecnología digital, llámese redes sociales de moda, conocidas y dominadas por los chicos. A menudo nuestros hijos ven cómo las celebridades, futbolistas, actores, cantantes y hasta políticos viven vidas fantásticas. Esos medios nos venden la idea de que en la vida todo puede ser muy rápido, gratis y en este momento, rico en 24 horas, píldoras mágicas, etc. creando expectativas muy altas de lo instantáneo fácil e inmediato que puede ser la vida; sin embargo, para poner los pies en la tierra debemos entender que para lograr escalar esas posiciones de éxito y privilegio se requiere de una disciplina y constancia increíble.

Es importante decirles a nuestros hijos ante este bombardeo mediático, que lograrlo si es posible, que ciertamente no se requiere ser un genio para tener una vida próspera y abundante, se vale a hasta cierto punto tomar esas "figuras" como modelos, como referentes, solo para lograr inspirarlos. Nuestros hijos deben darse cuenta que tienen que trabajar en sus talentos y entrenarse día tras día, mes tras mes, como los atletas de alto rendimiento. Se requiere estar preparado para desarrollarse de manera exitosa en cualquier disciplina: música, pintura, natación, fútbol, karate, baile, patinaje, las matemáticas… la lista podría continuar.

Nota la importancia de tener tiempo para interactuar con tus hijos, debemos ocuparnos de lo que puede llegar a interferir en la vida de nuestros hijos, esta información a la que hoy en día tienen acceso los chicos, estoy seguro que muchos padres son muy buenos interactuando con sus hijos, mientras que otros se los quitan de en medio y listo. Hoy en día el reto para los papás está en ser creativo, respetando su tiempo y su espacio para que a los hijos se interesen en la interacción con nosotros. Tan solo imagínate si los profesores en la escuela les amenazan y llegando a casa les gritas para que realicen sus deberes, por ejemplo, definitivamente estarás cerrando los canales de comunicación ¿no lo crees?

Algo que no debes dejar de lado, es resaltar la importancia de la pasión con la que deben realizan aquello que desean, es lo único que les dará la fortaleza suficiente para superar todos los momentos difíciles, de dudas, los riesgos y los descalabros que seguramente experimentaran antes de alcanzar el éxito. La pasión por lo que hacen va a ser lo que los llevará tan lejos como ellos lo deseen. Incluso más lo que puedan lograr con lo que aprendan en la escuela. Estarás de acuerdo conmigo que en las escuelas, el sistema educativo está enfocado a las asignaturas y las calificaciones que obtenga en cada una. Qué curioso resulta que en los primeros años de la escuela, a los niños se les pide que sean creativos para jugar y para experimentar, que tengan confianza y usen su imaginación, se les motiva a realizar lo que deseen. Sin embargo, conforme avanzan, se les pide que den resultados a partir de una calificación, lo que en la mayoría de los casos provoca aprender cosas de memoria.

El sistema educativo es todo un reto, y por desgracia la mayor parte de la educación se centra en estudiar para presentar exámenes. Considero que esta forma es una herramienta para medir el progreso de los alumnos, solo eso. En la introducción te mencioné el dato científico que sostiene que la calificación no determina el nivel de éxito de los estudiantes destacados, sin embargo, mientras la educación no evolucione, seguirá siendo así; lo ideal será, en mi opinión personal, trabajar con la creatividad y aplicarla en todas las asignaturas.

Hoy tienes una oportunidad magnífica de trabajar con tus hijos en la búsqueda constante de esa creatividad, para afrontar cualquier situación en su día a día. Sería extraordinario que la creatividad formara parte de la personalidad de nuestros hijos. Tan solo imagínate un chico creativo, feliz, pleno, seguramente será un joven con claridad y mucha confianza en sí mismo para saber hacia dónde dirigirse, será alguien que llevará consigo sueños, aspiraciones y ambiciones, y que podrá realizar cosas maravillosas con un poder y energía fantástica, disfrutando todo lo haga. De ahí la importancia al momento de descubrir esos talentos, y el desarrollo de las habilidades, de no meter presión y evitar los reproches si se equivoca o no se obtienen los resultados que se esperan. Esto es fundamental para generarle una enorme confianza y que aprenda que es normal equivocarse, sentir miedo, cometer errores y que es así como iras desarrollando tus habilidades.

Nadie obtiene grandes resultados sin antes fallar, las cosas no se logran de la noche a la mañana, esta es una primicia muy importante. Es a base de prueba y error, de tener la actitud correcta y no deprimirte a la primera por no obtener los resultados que se tenían previstos. Así es como se irá desarrollando y evolucionando una vez encontrado su talento. Algo también muy importante es enseñarle a tus hijos a aprender a disfrutar este proceso de crecimiento, como lo dice un cantautor español "hay que amar más la trama que el desenlace" u otra "hay que disfrutar el camino no tanto el destino" es decir, que los momentos más bonitos de la vida son esos momentos en donde está aprendiendo algo nuevo, donde se atrevió a tomar riesgos, en donde no es nada más "llegó y ganó", en donde tal vez se cayó muchas veces, pero tuvo el coraje de levantarse e ir por esa victorias. Con esto no solo le enseñarás a amar el proceso, sino a que sus emociones se vuelvan más estables y lo conviertan en una persona más fuerte, más sabia, y por si fuera poco, aprenderá a tener mayor éxito en lo financiero, en lo familiar y en lo personal.

No pongas trabas a tus hijos, permíteles que sean brillantes, dales todo el apoyo necesario, busca que aprendan, que pregunten, que se pongan retos, que crezcan, que se atrevan a crear. Busca recuperar la pasión cuando veas que se ha perdido, recuerda que la educación se centra en el desarrollo del ser humano y esto es precisamente en lo que te tienes que enfocar. Pregúntate constantemente ¿qué tipo de personas quieres que sean tus hijos cuando sean adultos? ¿Qué tanta confianza tiene en sí mismo? ¿Cuánta habilidad tiene para conectar con las personas? ¿Sabes que es lo que hace muy bien sin mayor esfuerzo, es decir sabes en que fluye sin importar el tiempo? ¿Le gusta trabajar en equipo? ¿Cómo resuelve los problemas que se le presentan? ¿Has notado que cosas investiga en internet sobre los temas que le apasionan? ¿Qué es lo que admira en otras personas? ¿Sabes cuál es su actuar: reactivo o proactivo? Y ¿Realmente estás cumpliendo con tu misión como papá?

Imagina que tu hijo pueda vivir la vida lo mejor posible, con amor, con integridad, poniendo el corazón en todo lo que hace y con un objetivo. Genial ¿no te parece? Entonces, descubre los talentos de tus hijos y déjalos que caminen en ese sendero, así lo estarás ayudando a encontrar ese sentido en la vida, ese propósito que le traerá por lo menos tres cosas: trabajar en aquello que ama, que lo que hace se le dé bien, es decir que lo haga de manera única y que pueda vivir de eso. Pero eso no es todo, hay algo todavía más grande y excepcional que relacionado con ver el poder de ayudar al mundo, desarrollando todo el potencial a través de la autorrealización, a partir de cómo concibes tu trabajo desde su interior, conectando con su propósito, lo cual resulta verdaderamente espectacular y te lo platico en el siguiente capítulo.

Antes, déjame enumerarte algunas características que debemos tomar en cuenta para entrar en ese nicho de la responsabilidad del padre o madre en el acompañamiento de los hijos a su autorrealización. Los resultados compensan sobradamente el esfuerzo.

1. Enséñales a tomar decisiones. Tal vez es más fácil definir lo que quieres para sus vidas, pero enseñarles a elegir sus caminos, es una habilidad que durará para siempre. Guíalos y establece límites, pero permíteles decidir por sí mismos.

2. Recuerda siempre la importancia de la paciencia. Al ser padre o madre, muchas situaciones pueden sacarte de tus cabales, pero controlar tus reacciones es una virtud que se desarrolla con la paciencia. Respira profundo, relájate y continúa tu vida para ser modelo de autocontrol.

3. Diviértete. El buen sentido del humor es un regalo que les das a tus hijos. No tengas miedo de hacer el ridículo cuando estás compartiendo con tus hijos. Los momentos de diversión se atesoran y se almacenan en sus memorias para siempre; encuentra el lado gracioso en cada situación.

4. Lee con y para ellos. No importa si este hábito está o no arraigado en ti. La lectura es un regalo que

les das para toda la vida y que les ayudará a desarrollar sus habilidades cognitivas y sociales. Dedica unos minutos cada día para compartir una historia con ellos.

5. Déjalos disfrutar del juego. Muchas personas subestiman el valor del juego sin saber que es el momento en el que se desarrollan en todas sus dimensiones; reemplaza la TV y los juegos de video por un buen rato de juegos y manualidades.

6. Sé firme a la hora de establecer los límites. La demostración más grande de amor que puedes darles a tus hijos, es enseñarles el valor del respeto y la formación en valores. Como padre, necesitas establecer normas y hacerlas respetar para que al crecer, sean adultos educados y útiles para la sociedad.

"El éxito no se persigue. El éxito se atrae convirtiéndote en una persona digna de servir"

-Cris Ursua

CAPÍTULO 9

Mi legado a partir de mi propósito.

"Solamente dos legados duraderos podemos aspirar a dejar a nuestros hijos: uno, raíces, el otro, alas"
-Howard Carter

De niño soñé con ser astronauta, quizá porque desde entonces traía tatuado en mi subconsciente una misión por cumplir en este mundo. Traía asignadas las instrucciones para coordinar una misión súper importante como piloto sideral. Me imaginaba dirigiendo mi tripulación, viajando a velocidades vertiginosas por muchas galaxias a través de mi vehículo espacial, el cual como un cometa o una estrella fugaz dejaba a su paso un gran rastro, mucho polvo cósmico muy brillante. En mis misiones poco a poco fui descubriendo que para dirigir con gran éxito cualquier otra misión, debería primero entrenarme muy bien como lo hacen todos los súper atletas de alto rendimiento, y una vez listo y preparado debía llevar conmigo ciertas herramientas en un gran cofre, cuidándolas como un valioso tesoro. También me di cuenta que solo así lograría salir victorioso en mis batallas o en las misiones que me habían encomendado en mi paso por este planeta. Debía llevar muy presente amar y servir ante todo, ya que solo así podía salir exitoso y continuar con mis viajes intergalácticos por todo el espacio, disfrutando cada misión de manera fantástica y muy divertida.

Estarás de acuerdo conmigo que todos de los niños tienen sueños como este. Tú cuando fuiste niño,

¿qué soñabas? ¿Lo recuerdas? ¿Recuerdas con cuanta emoción vivías imaginando este tipo de aventuras? Si volvieras a ser niño ¿qué harías?, ¿a qué te gustaría jugar? Quizá a través de un ejercicio de introspección logres recordar cuáles eran los programas que te gustaban, qué es lo que extrañas más de esa época, cómo eras y en qué te querías convertir. ¿Recuerdas cuáles eran tus miedos? Te aseguro que este ejercicio te ayudará a comprender los intereses de tus hijos, sus gustos, sus retos y la manera cómo ven la vida.

Te narré cómo, desde muy pequeño, comenzó a brotar en mí el interés por dibujar y muchas veces pinté casi toda la pared de mi casa. Estando en la escuela primaria tuve la oportunidad de participar en un concurso escolar de dibujo, en donde conocí otras técnicas: fondo, relieve, sombras, blanco negro y diversos efectos en los colores, las cuales después apliqué. Me atreví a experimentar esos conocimientos y a ponerlos en práctica venciendo mis miedos. Alrededor de los 10 años ya había realizado mi primera exposición de dibujos. ¡Diseñarlos y crearlos para mí significo algo fascinante y mágico, me resultaba muy divertido! Es a los 12 años de edad cuando creo mis primeras obras, con una enorme habilidad expresiva, y es precisamente en esta edad en donde por la falta de orientación y motivación para cultivar la sensibilidad de mi expresión artística debido al entorno que existía en ese momento, decido abandonar por 33 años la práctica del dibujo.

De niño mi imaginación iba creciendo y la ejercitaba también cuando escuchaba las series de radionovelas en la radio o de los partidos de béisbol. Me fascinaba escuchar las narraciones de los locutores radiofónicos. Muchas veces me visualice en el estadio, aunque no lo conocía, conforme iba escuchando la trasmisión y me iba imaginando las escenas sumamente emocionado, tal cual estuviera ahí de pie junto a mi butaca al borde de los nervios por la emoción del partido.

Recuerdo que yo era de esos niños introvertidos, muy tímido, no era capaz de mantener una conversación con alguien, la mayoría de mis compañeros a esa edad ya eran muy sociables. Aun así descubrí en la secundaria que me apasionaba tomar el micrófono, y comencé a practicar hablar en público en esa etapa. Desarrollé un gran interés por dirigir los programas cívicos en la escuela, ahí descubrí que tenía talento para hablar frente a la gente. Participé en un sin número de programas cívicos, culturales y sociales desde la secundaria hasta la preparatoria, sin embargo te adelanto algo que pasó en esa época entre la secundaria y la preparatoria, lo cual me permitió experimentar una primera gran trasformación en mi persona. Te narraré en una próxima publicación cómo vencí el pánico escénico y cómo vencí mis miedos y a pesar de que fue un proceso bastante difícil tomar la decisión y atreverme a hacerlo, me llevó a estar parado frente a grupos de personas dirigiendo asambleas con padres de familia a mis 15 años.

En mí, la pasión por crear y construir espacios siempre estuvo de manifiesto desde muy pequeño. Me imaginaba jugando horas y horas construyendo casas, edificios, caminos, puentes. Este anhelo por construir y lograr mi sueño nunca murió, siempre me acompaño durante todo el tiempo, desde mi adolescencia hasta mi edad adulta. Mi interés por la construcción me llevó a conocer nuevas formas de desarrollar esta actividad y de vislumbrar incluso opciones de negocio, haciendo lo que amo sin tener que trabajar para alguien más.

Clarifique mis aspiraciones a través de un ejercicio de introspección profunda, fui haciendo un registro y escribiendo todos mis sueños y mis deseos desde niño a lo largo de mi infancia. Pude escuchar mi corazón desde una necesidad cognitiva, mi gran deseo de aprender y servir, así como de encontrar la forma de ir construyendo la mejor versión de mí, me llevó a eso que deseaba crear y en lo que quería convertirme desde niño, hasta mi edad adulta. Esta información me dio una perspectiva bastante clara y muy objetiva de cuál sería mi propósito de vida.

Todo el mundo quiere más alegría, más felicidad, más en la vida, pero al final de cuentas "el querer" no significa que quien lo desea vaya a hacer algo para obtener y llevar a cabo esa realidad. Está sustentado científicamente este dato que te voy a revelar y que es brutal. El 95% de la gente que se propone algo no lo consigue, y esto tiene un significado, ya que lo que desea conseguir obedece a un factor, o a una motivación externa que puede ser el dinero, o darle gusto a la familia o a la sociedad, o complacer a la pareja, o complacer a la sociedad, o vivir de acuerdo a las circunstancias, a la moda o simplemente querer agradarle a alguien.

Como adulto debo confesarte que yo era parte de ese 95%, cada año me proponía diversos retos, metas u objetivos y no llegaba a los 3 primeros meses del año cuando ya los había abandonado; solo inspirándome y voltear la mirada hacia mi interior me llevó a salir de esa estadística. Estoy convencido de que solo lo pude lograr porque identifiqué mi propósito de vida, y quizá te preguntarás: ¿Cómo es que logré identificarlo? ¿Cómo sé cuál es mi propósito?

Las respuestas a estas interrogantes te las daré a partir de lo que yo experimenté, pero antes te voy a compartir en que consiste mi propósito de vida:

"Viviré con mucha pasión a través de mi propósito, quiero despertar en niños y adolescentes su grandeza, conectándolos con el amor y la pasión; buscaré encender la llama de su espíritu como fuente inagotable de energía a través de mi voz. En mis conferencias y talleres hablaré con ellos y los papás, en esas reuniones les compartiré parte de mis experiencias. Mi objetivo es que busquen e identifiquen sus talentos, que desarrollen sus habilidades e ir más allá. Inspirarlos a que pongan al servicio de los demás esos talentos como su propósito de vida. Deseo motivarlos a vivir la vida de sus sueños haciendo lo que más aman, realizando todo aquello que les apasiona, invitándolos a hacer todo aquello en lo que son muy buenos, buscaré sembrar en su subconsciente la semilla que represente a no renunciar jamás a sus más grandes anhelos, venciendo el miedo, buscando experimentar algo más grande que la felicidad, esto es buscar, sentirse plenos y dichosos"

Ahora que lo conoces, te puedo contestar la pregunta de cómo lo identifiqué y cómo sé que es mi verdadero propósito. Nació desde un factor interno, es producto de una aspiración y de un deseo ardiente de convertirme y transformarme, viviendo desde el amor hacia la libertad. Quiero construir algo verdaderamente significativo, algo que agregue mucho valor y aporte algo verdaderamente extraordinario, no solo a la sociedad si no al mundo entero. Confío plenamente que esto es posible llevarlo a cabo, busco aliviar un dolor, brindar una solución y poner al servicio de los demás mi talento y experiencia. En esas conferencias y talleres llevaré mis obras y los dibujos que de niño realicé para compartir mi experiencia con ellos y mostrarles que si yo pude retomar y conectar con mi talento, que surgió desde muy pequeño, ellos también pueden hacerlo.

Considero de manera muy clara que comenzar a vivir a partir de mi propósito será para mí un enorme reto, del cual soy absoluta y plenamente consciente. Sé que iniciaré un camino que no será fácil, en donde encontraré obstáculos, baches, altas y bajas. Pero también sé que iré coleccionando pequeñas y grandes banderas todos los días, de las diversas metas, sueños y objetivos que iré logrando. Estoy completamente seguro que me llenaré de momentos hermosos y también de momentos desagradables que me dejarán una enseñanza que aportará mucho valor a mi crecimiento. Sin embargo, no me importa, cueste lo que cueste ¡lo voy a hacer realidad, es más, ya lo estoy llevando a cabo! Este libro que estás leyendo y otro que está a punto de publicarse son piezas importantes de ese gran rompecabezas que he ido armando todos los días desde que me decidí a tomar acción.

Hoy disfruto plenamente esta maravillosa experiencia de ir construyendo día a día mi plan de vida. Hoy todas mis acciones están alineadas a mi propósito. Quizá cuando este primer libro sea publicado habré iniciado las charlas a niños y adolescentes de las escuelas primarias y secundarias, urbanas y rurales, llevándoles mi mensaje para que se atrevan vivir la vida de sus sueños, venciendo el miedo.

Hoy te puedo asegurar que es fácil lograr lo que deseas, solo tienes que comprometerte verdaderamente a hacer lo correspondiente en todas y cada una de las áreas de tu vida. Tanto tú como yo podemos y sabemos cómo ayudar a nuestros hijos a ser quienes quieren ser, a vivir un estado de realización total, y lo mejor de todo, a enseñarles a servir a los demás. Nuestra historia personal hasta este punto en el que nos encontramos no ha sido fácil pero hoy, tú y yo si podemos evitarles a nuestros hijos que vayan por la vida sin saber ese gran "para qué" llegaron a este mundo. Tú y yo podemos darles claridad, evitar que pasen el tiempo de un lado a otro, intentando y probando por muchos años sin encontrar sentido alguno a lo que hacen, viviendo en una frustración terrible, tú y yo podemos ayudarlos a reencontrarse con lo que aman hacer, tú y yo podemos ayudar a nuestros hijos a convertir sus aspiraciones en realidades, tú y yo podemos identificar cuáles son los más grandes anhelos que han soñado y creado desde su infancia.

¿Aun recuerdas qué era aquello que siempre soñaste hacer, pero no pudiste? Quizá dentro de lo que deseabas estaba ser el mejor chef del mundo o quizá soñabas con el cuidado del medio ambiente y rescatar al planeta, anímate a ir por ello. Pregúntate por qué lo dejaste, por qué abandonaste tu sueño y por qué no lo has retomado. Recuerda que nunca es demasiado tarde para comenzar un nuevo proyecto. Y la pregunta más importante que debes hacerte: ¿Quieres que esto mismo le suceda a tus hijos? Te aseguro que la respuesta es un no contundente.

Te tengo una propuesta, tan solo reflexiónalo: ¿Por qué no haces equipo con tu hijo o hija y juntos deciden lanzarse en la búsqueda de sus sueños y trabajar para ir construyendo el plan para lograrlo? Tan solo imagina, ¿qué te parece si retomas ese objetivo que dejaste atrás y hoy decides irlo materializando poco a poco junto con tus hijos? Quizá no haya pasado mucho tiempo de haber dejado atrás tus propias aspiraciones de aquello que deseabas hacer. La gran noticia para todos nosotros es, que siempre podemos cambiar, siempre existe la oportunidad de hacer algo nuevo, de probar, de equivocarse, de formarte, recuerda que nunca es tarde para lanzarte a una de las aventuras más apasionantes de tu vida: convertirte en la persona que deseas ser, vivir con coherencia y sentido tu vida. No olvides que el hecho de reencontrarnos con nuestros sueños, de manera directa ayudará a inspirar a nuestros propios hijos a vivir su sueño también en su vida adulta.

Hoy es un día magnifico, ya que tienes la mejor oportunidad para comenzar. No pierdas más tiempo, realmente no importa la edad que ahora tengan tus hijos, lo verdaderamente importante y valioso es que tengas el coraje y el sentido del humor, para empezar una nueva vida. Te darás cuenta que lo que hoy parece un sacrificio, mañana terminará siendo el mayor logro de tu vida, y de la vida de tus hijos. Sin duda la satisfacción será enorme. Por ahora primero enfócate en descubrir y luego en desarrollar esos talentos que tus hijos, al igual que todos, tienen. Ayudémoslos a vivir de algo que verdaderamente les apasione y que sea ese gran motor en su vida.

Por mi parte ha sido un honor y un verdadero placer poder compartir contigo esta hermosa charla que hemos tenido a través de este libro que forma parte importante de mi legado, el cual heredaré al mundo cuando deje de existir. Solo llevaré conmigo la enorme satisfacción de haber vivido de manera grandiosa esta fantástica aventura llamada vida, además de haber aportado algo increíble a la sociedad y al mundo entero.

Nos vemos en www.enriquemartinezautor.com.

> *"Cuando mi voz calle con la muerte, mi*
> *corazón te seguirá hablando"*
> *Rabindranath Tagore*

Conclusiones

"Hay dos días importantes en la vida de cada ser humano; el día que nace y el día que descubre para qué"
-María Angelu

Vencer, según el diccionario de la real academia española, significa sujetar, derrotar o rendir al enemigo. Sin embargo, al escuchar la palabra ¿qué viene a tus pensamientos? ¿Qué emoción sientes al leerla? Te aseguro que experimentas una decena de pensamientos que te hacen recordar acontecimientos recientes o quizá pasados, en donde tuviste la oportunidad de conseguir, retener algo, o quizá ganar alguna competencia venciendo a tus rivales, lograr salir victorioso o victoriosa de algún desafío, o quizá te sobrepusiste a alguna dificultad, derrotando una serie de obstáculos que te impedían lograr algún objetivo. Quizá no te rendiste ante alguna enfermedad y la venciste a través de un tratamiento, enfrentaste diversas objeciones y lograste realizar con éxito alguna tarea, tal vez con voluntad y determinación, jamás te rendiste ante una serie de emociones que te mantenían en un lugar del cual lograste salir. Probablemente al escuchar, leer o ver la palabra vencer te recuerdes reencontrándote contigo mismo.

Existen abundantes ejemplos que nos ayudan a comprender el significado de la palabra VENCER y que a cada uno nos trae imágenes distintas, de acuerdo a nuestras recientes o añejas experiencias. Ahora bien, ¿qué es lo que tendrías que vencer, para que tu hijo o hija logre el éxito? Hablemos un poco de cómo vencer o romper paradigmas o creencias. Estarás de acuerdo que nuestro contexto marca nuestra perspectiva de cómo percibimos la vida, y que como padres nuestro ejemplo es la mejor forma de enseñar a nuestros hijos, recordemos que desde pequeños anhelan imitarnos, "parecerse a nosotros", somos su inspiración, desde cómo hablar, y por nosotros entienden la realidad que los rodea; conforme avanza el tiempo los pequeños van recibiendo las imágenes de otros actores, van aprendiendo otros ejemplos de hermanos, abuelos, tíos y hasta vecinos; hasta que llegan a la escuela, en donde reciben información de cómo debe vivir y es en esta etapa en donde asume estos patrones o paradigmas que lo guiarán y le servirán de inspiración.

Para los niños y jóvenes, un paradigma patrón o modelo a seguir es una necesidad, pues por las características de estas edades siempre se busca un modelo o ejemplo a imitar y muchas veces éste se encuentra en el maestro, el padre, el artista de cine, el cantante o deportista famoso. Entonces ¿cómo vencer la tentación del consumismo desenfrenado?

Hoy por hoy, la manipulación de las mentes con una publicidad comercial busca exacerbar las necesidades materiales, promueve la adquisición de productos y recursos que muchas veces son suntuosos, pero que se dan a conocer como los que utilizan, usan o promocionan conocidas figuras del cine, la música y multimillonarios, que constantemente sirven de ejemplo y modelo a los niños y jóvenes, los cuales hoy en día son fácilmente manipulados por el poder de los medios de comunicación masiva y en particular por el cine, la TV, el Internet. Por eso es fundamental la importancia que nuestros niños y jóvenes se formen en valores dentro de la célula básica de la sociedad que es la familia. Es allí donde se aporta el mayor porcentaje de las características de la personalidad, patrones de conducta y ejemplo; en lo particular, estoy de acuerdo que hay que potenciar la imagen de quienes tienen actuaciones destacadas, deportistas, científicos, artistas, por lo que hacen, por el valor que aportan y por lo que pueden significar a la sociedad. Actualmente, sin duda, el mayor reto de nosotros los padres está en analizar y demostrar a nuestros hijos cómo la sociedad capitalista trata de imponernos sus patrones y lo que eso significa.

Miedo, ¿qué representa para ti? Recuerdas en la narración la primera vez que experimenté el miedo fue al escuchar historias que de niño mi papá me contaba, sentía angustia provocada por la presencia de un peligro que casi podía verlo real, y que solo era mi imaginación que volaba con esas historias. En otra ocasión fui presa del miedo, debido al cambio y desapego de mis papás cuando entré a la escuela primaria, también recordarás que durante el concurso de dibujo sentí muchísima desconfianza que me impulsaba a creer que sucedería un hecho contrario a lo que deseaba, o la ansiedad constante y aguda preocupación que experimenté cuando realicé mi primera exposición y nadie llegó, recuerdas todo esto.

Todos en algún momento de nuestra vida hemos experimentado en infinidad de ocasiones esta emoción. El problema con el MIEDO es que muchas veces no hacemos lo que deseamos y es realmente importante en nuestra vida, porque tenemos miedo de lo que puede ocurrir, por ejemplo: viajar, ir a otro país a vivir, iniciar un negocio propio, comenzar una relación sentimental, hacer algo nuevo por nuestros propios medios, hablar en público, bailar frente a otras personas, etc. Recuerda: el miedo no es un problema, solo nos obedece...es algo que podemos vencer. El problema es lo que hacemos con el miedo, el miedo es una emoción y sentir emociones es positivo, siempre es positivo sentir cualquier emoción, ya que tienen algún tipo de utilidad y nosotros debemos sentir nuestras emociones con libertad en lugar de reprimirlas o tratar de controlarlas.

El miedo también es una barrera que nos impide vivir la vida y cuando es excesivo nos paraliza, nos bloquea emocionalmente y nos dificulta disfrutar en muchas ocasiones de pequeños o grandes placeres de la vida. Estarás de acuerdo conmigo que nuestra felicidad y bienestar va a depender de las decisiones que tomemos en nuestra vida y de cómo interpretamos lo que ocurre. Somos nosotros los responsables de estar bien y hacer de nuestra vida una experiencia fascinante.

Por lo tanto, pregúntate ¿qué te gustaría hacer realmente y no haces? ¿Qué te gustaría vivir y aún no vives? ¿Cómo te gustaría que fuera tu vida y aún no haces lo necesario para llegar a ello? Todos esos miedos: ¿En qué se basan? ¿En tus creencias? ¿En un hecho del pasado? ¿Qué pudieras hacer tú el día de hoy para que ese hecho no te afectara nunca más, ni a tus hijos? Yo no te diría que no tengas miedo... sino que vivas a lo grande a pesar de tus miedos.

Vive, ¿qué viene a tu mente al leer esta palabra? Vivir será lo mismo que existir, la diferencia radica desde mi punto de vista que existir es solo estar. Mientras que vivir es disfrutar de esa existencia, es hacer algo con ella, darle un sentido, conocer, probar, experimentar, vivir plenamente, hacer lo que te satisface y enriquece, lo que te proporciona felicidad, lo que supone, en definitiva, vivir al máximo; es salir al mundo y valorar todo lo que nos rodea. Quizá cada uno de nosotros experimente vivir y puede ser algo diferente, pero estoy seguro que los sentimientos que experimentamos son comunes.

Si te detienes por un momento a analizar lo que pasa cada día en tu vida, te darás cuenta que tu mente está continuamente generando pensamientos. Estos, muchas veces nada tienen que ver con lo que estamos haciendo, vivimos en piloto automático y, como es lógico desvían nuestra atención del momento presente. La mayor parte del tiempo vivimos en un estado de semi-consciencia, o lo que es lo mismo, con una atención parcial, es decir vivimos divididos. Entonces los resultados de nuestras acciones, así como la felicidad personal, profesional, social y familiar, se reducen drásticamente. Para mejorar esta situación debes encontrar la conexión contigo mismo, con lo que realmente eres, esto te permitirá reconocerte, reprogramarte, descubrir lo bonito y bueno que llevas dentro, es allí donde radica tu verdadero poder y fuerza personal para vivir plenamente la felicidad desde tu esencia.

En un estudio que realizó una compañía farmacéutica estadounidense en 2015 a través de encuestas a un millón de personas en todo el mundo, se les preguntó acerca de lo que significa para ellos "la vida al máximo", la mayoría de las personas dijeron familia, éxito y dar, seguido de viajar y salud (en este orden). Cuando se les preguntó qué es lo que les impide vivir al máximo, sorprendió que la mayoría respondió dinero, tiempo y trabajo, sólo alrededor del 12% de las personas dijo que el trabajo es la barrera número uno que les impide vivir plenamente. Otro de los encuestados comentó que cree que no es necesariamente el trabajo que haces, sino lo que aportas a él, y sugiere que la verdadera respuesta es desarrollar tu interior, que hace más efectivo tu exterior en cualquiera de las experiencias de vida que tengas.

Los expertos añadieron otro testimonio similar, en el que el entrevistado defendía que puedes apreciar tu trabajo por la comodidad y estabilidad que te proporciona pero que debes buscar otras "alegrías" como la pintura, el senderismo, el estudio de la alta cocina, incluso tal vez escribir un clásico de la literatura.

Estarás de acuerdo conmigo que las personas pueden lograr cosas increíbles en la vida cuando se encuentran en su mejor estado de salud y tienen la cantidad correcta de inspiración, motivación y persistencia, los cuales son ingredientes, sin duda, imprescindibles en la vida. ¿Sabes ya qué es para ti vivir plenamente? ¿Te gustaría que también tus hijos experimenten la vida de una manera plena? Resulta entonces muy importante conectar con el interior de tu hijo para encontrar ese talento y que a partir de ahí conozcas lo que le apasiona, que desarrolle las habilidades y viva pleno realizando en un futuro aquello que desea.

Pienso de modo firme que el cambio en nuestros hijos está soportado en el cambio como padres. En el anterior capítulo te invité a una reflexión, ir de la mano junto con tus hijos y trabajar como equipo para realizar lo que aman. Estarás de acuerdo que no existe mayor inspiración que el ejemplo que damos a los hijos de atrevernos a hacer aquello que anhelamos, no podemos pedirles a los niños que hagan cosas diferentes a lo que ven que nosotros hacemos como papás, ni que dejen de hacer lo que sí les mostramos. Se trata, simplemente, de ser congruentes. Te dejo esta frase que tiene un significado muy profundo: la palabra convence, el ejemplo arrastra.

Sueños, ¿quién no ha soñado despierto alguna vez? Todos nosotros en algún momento hemos fantaseado sobre nuestro futuro, imaginando como sería algún aspecto de nuestra vida más adelante: el trabajo, un viaje, nuestra casa, nuestros hijos; todos tenemos SUEÑOS y metas las cuales queremos e intentamos alcanzar a lo largo de nuestra vida. Algunos sueños o metas pueden ser más intensos que otros, sin embargo, esa meta, sueños o aspiraciones solo es un paso para alcanzar el mayor de los objetivos por el que todos nosotros aspiramos y es ser felices. Los sueños, son normalmente deseos idealizados y en gran medida se encuentran ubicados en el largo plazo, sólo se diferencian de los objetivos, por el hecho de ser mucho más ambiciosos y basados en los ideales.

Normalmente nuestros sueños están basados en lo que grandes personas han conseguido en el pasado. Los sueños que nuestros hijos puedan llegar a tener se basan generalmente en éxitos y triunfos rotundos, que al escucharlos nos mueven y llenan de emoción. Puede suceder que los sueños los vemos tan grandes o tan lejanos que terminamos por no creer que sea posible alcanzarlos. Por eso resulta muy importante ponerle fecha a esos sueños y deseos idealizados y trabajar en ello, esto te permitirá tener la claridad a ti y a tu hijo sobre lo que se quiere lograr, lo que quieren tener o en lo que se quiere llegar a ser. Esta claridad determina en gran medida el logro efectivo de tus sueños.

Muchas veces las personas, al no saber qué es justamente lo que quieren lograr, pasan sus vidas preguntándose, por qué el éxito y el triunfo no están de su lado. El no saber con claridad lo que se quiere en la vida es un problema muy común en las personas. Es como entender cuando planeas un viaje, por ejemplo, siempre sabes a dónde quieres ir, conoces tu destino de antemano y eso te permite y facilita todo, incluso puede ser que te hayas visualizado estando en el sitio, eso quiere decir que cuentas con una claridad suficientemente grande como para lograr lo que quieres y que sea relativamente fácil.

Generalmente algunos de estos sueños son más intensos que otros y por eso sucede que los convertimos en propósitos, por eso es importante que los describas con todo detalle, que inspires a tu hijo visualizándose alcanzándolo. Pregúntale ¿cómo te sentirás en ese momento? ¿Qué te dirás a ti mismo cuando lo consigas? Disfruten y recreen esa sensación de bienestar que les produce ese momento, visualizándolo, sintiéndolo, escuchándolo.

Que tu hijo tenga un propósito es fundamental, pues le va a aportar la fuerza de la motivación inicial para empezar, pero por si solo no es suficiente. Es aquí donde intervienen los objetivos y las metas. Los objetivos vendrían a ser los destinos que nos proponemos alcanzar y las metas las etapas concretas, generalmente a corto plazo, a conseguir por el camino. Así, dentro de un objetivo podemos establecer varias metas. Las metas vienen a ser como el plan de ruta que detalla en todo momento qué pasos debemos seguir en el viaje hacia nuestro objetivo o destino. De ahí el dicho "duerme con sueños, despierta con objetivos"

¿De qué manera esos sueños y objetivos, afectarán el resto de la vida de tu hijo? ¿Qué recursos necesita tu hijo para alcanzar ese objetivo? ¿Qué emociones internas te impiden conseguir esos sueños u objetivo? ¿Miedo, inseguridad, desconfianza? Tu hijo te lo agradecerá todos los días de su vida, atrévete: ***"Vence el miedo, ayuda a tu hijo a Vivir sus Sueños"***.

Fue un placer compartir contigo esta primera obra, la cual deseo de todo corazón te inspire a tomar acción. Nos vemos pronto. Recuerda, me encuentras en www.enriquemartinezautor.com.

> *"La vida para mí no es una vela que se apaga. Es más bien una espléndida antorcha que sostengo en mis manos durante un momento, y quiero que arda con la máxima claridad posible antes de entregarla a futuras generaciones"*
> *-George Bernard Shaw*

"El esmero caracteriza a todo hombre exitoso. La genialidad es el arte de hacer infinitos esfuerzos. Todo logro excepcional se ha caracterizado por un cuidado extremo, un esmero infinito, hasta el más mínimo detalle."
-Elbert Hubbard